轨道车辆车厢 LED 照明系统设计及可靠性分析

张邦成　尹晓静　高　智　王占礼　周志杰　著

科学出版社

北京

内 容 简 介

本书在简要介绍轨道车辆车厢 LED 照明技术发展的基础上,对轨道车辆车厢 LED 照明外观结构进行总体设计;深入分析轨道车辆车厢 LED 驱动电源要求,设计了一种 LED 驱动器,输出电压和电流平稳,能够满足 LED 的驱动要求;深入研究轨道车辆车厢 LED 照明控制方法,应用集中式控制方法,设计了以 CAN 总线为通信方式的控制系统,并应用 PID 算法控制驱动电源的输出电流,实现对 LED 亮度的智能控制;在分析轨道车辆车厢 LED 照明系统故障机理的基础上,基于小波包能量熵进行特征提取,提出应用置信规则库的轨道车辆车厢 LED 照明系统故障诊断与预报方法;为了提高轨道车辆车厢 LED 照明系统的可靠性,提出一种带漂移参数的 Wiener 过程的剩余寿命预测方法,利用 Bayes 方法对参数进行估计。

本书可供复杂机电系统故障诊断与预报、可靠性研究等专业的研究生学习,也可供从事轨道车辆车厢 LED 照明相关专业的工程技术人员参考。

图书在版编目(CIP)数据

轨道车辆车厢 LED 照明系统设计及可靠性分析/张邦成等著. —北京:科学出版社,2019.8

ISBN 978-7-03-060287-9

Ⅰ.①轨… Ⅱ.①张… Ⅲ.①铁路车辆-车厢-发光二极管-照明设计 Ⅳ.①U270.3

中国版本图书馆 CIP 数据核字(2018)第 296900 号

责任编辑:魏英杰 / 责任校对:郭瑞芝
责任印制:吴兆东 / 封面设计:铭轩堂

科 学 出 版 社 出版
北京东黄城根北街 16 号
邮政编码:100717
http://www.sciencep.com

北京九州迅驰传媒文化有限公司 印刷
科学出版社发行 各地新华书店经销

*

2019 年 8 月第 一 版 开本:720×1000 B5
2019 年 8 月第一次印刷 印张:9 1/2
字数:188 000

定价:**90.00 元**
(如有印装质量问题,我社负责调换)

前　言

随着发光二极管(light-emitting diode,LED)照明技术的飞速发展和国内节能减排政策的深入实施,LED光源以其体积小、质量轻、寿命长、使用电压低等一系列优势,在轨道车辆车厢照明领域迅速崛起。目前,国内的轨道车辆车厢LED照明技术尚未成熟,许多问题亟待解决。本书针对轨道车辆车厢LED照明存在的问题进行深入分析与研究,并提出相应的解决办法,为轨道车辆车厢LED照明系统的开发及应用提供参考。

本书围绕轨道车辆车厢LED照明系统设计,以及可靠性分析展开。全书6章。第1章简述LED在轨道车辆车厢中的应用与发展,并总结现阶段轨道车辆车厢LED照明系统存在的问题。第2章对轨道车辆车厢LED照明系统的外观结构进行设计,包括散热装置、照明保护装置,以及一些新颖的灯具结构的设计,提高LED照明灯具的散热性能、防振性能等。第3章对轨道车辆车厢LED照明系统驱动电源进行设计,采用先进的闭环脉宽调制(pulse width modulation,PWM)方式,保证LED驱动电源能够提供稳定的恒流源。第4章对轨道车辆车厢LED照明控制方式进行研究,应用比例积分微分(proportion integration differentiation,PID)算法对PWM占空比进行控制,从而控制驱动电源的输出电流,使LED的发光达到预定值。第5章利用置信规则库理论对轨道车辆车厢LED照明系统进行故障诊断与预报研究,利用专家知识和表征故障的多个特征量的半定量信息实现故障诊断与预报,满足工程实际要求。第6章运用故障树分析法对轨道车辆车厢LED照明控制系统可靠性进行分析,提出一种带漂移参数的Wiener过程的剩余寿命预测方法,对系统薄弱环节进行剩余寿命预测,并通过实验验证理论方法的可行性与准确性。

本书的撰写得到长春工业大学、研奥电气股份有限公司的大力支持。同时,凝聚了吉林省智能制造技术工程研究中心步倩影、隋元昆、陈珉珉、姜艳青、徐燃等多位同学的汗水和付出。在此一并衷心感谢!

　　本书相关的研究工作得到国家自然科学基金项目(61374138)、吉林省教育厅"十二五"科学研究计划项目"轨道车辆 LED 照明系统设计与开发"(吉教科合字[2011]第 84 号)、吉林省科技厅重点科技成果转化项目"轨道车辆车厢 LED 照明系统产业化"(20160307003GX)的资助。

　　限于水平,不妥之处在所难免,恳请广大读者批评指正。

作　者

2018 年 11 月于长春

目　　录

前言
第1章　概述 …………………………………………………… 1
　1.1　LED 照明在轨道车辆中的应用与发展 ……………………… 1
　1.2　轨道车辆车厢 LED 照明存在的问题 ……………………… 4
　1.3　本章小结 ……………………………………………………… 5
第2章　轨道车辆车厢 LED 照明结构设计 ………………… 6
　2.1　新型旋轴式轨道车辆车厢 LED 照明结构设计 ……………… 6
　2.2　轨道车辆车厢 LED 照明散热装置结构设计 ………………… 8
　2.3　轨道车辆车厢 LED 照明保护装置结构设计 ……………… 12
　2.4　本章小结 …………………………………………………… 13
第3章　轨道车辆车厢 LED 照明系统驱动电源设计 …… 14
　3.1　轨道车辆车厢 LED 驱动方式的选择 ……………………… 15
　　3.1.1　恒流式 LED 驱动器 ……………………………………… 15
　　3.1.2　稳压式 LED 驱动器 ……………………………………… 16
　3.2　轨道车辆车厢 LED 照明驱动电源基本原理 ……………… 17
　　3.2.1　DC/DC 变换器原理 ……………………………………… 17
　　3.2.2　PWM 调制技术 ………………………………………… 19
　　3.2.3　闭环反馈 ………………………………………………… 19
　3.3　轨道车辆车厢 LED 照明驱动电源的设计 ………………… 19
　　3.3.1　驱动芯片的选择 ………………………………………… 19
　　3.3.2　EMC 电路设计 ………………………………………… 21
　　3.3.3　整流滤波电路设计 ……………………………………… 22
　　3.3.4　PFC 电路设计 ………………………………………… 23
　　3.3.5　降压稳压电路设计 ……………………………………… 24
　　3.3.6　DC/DC 变换器电路设计 ……………………………… 25
　　3.3.7　LED 驱动电源整体电路设计 ………………………… 26
　3.4　轨道车辆车厢 LED 照明驱动电源电路仿真分析 ………… 28
　　3.4.1　仿真电路的设计 ………………………………………… 28

3.4.2　整流滤波电路的仿真分析 ·························· 29

3.4.3　DC/DC 变换器的仿真分析 ····················· 29

3.4.4　LED 驱动芯片的仿真分析 ····················· 30

3.4.5　LED 驱动电源电路仿真分析 ··················· 32

3.5　本章小结 ·· 35

第 4 章　轨道车辆车厢 LED 照明控制系统设计 ············· 36

4.1　轨道车辆车厢 LED 照明控制系统研究现状 ········ 36

4.2　轨道车辆车厢 LED 照明控制方法分析 ············· 37

4.2.1　分散式控制方法 ································ 37

4.2.2　集中式控制方法 ································ 38

4.3　轨道车辆车厢 LED 照明控制系统总体方案 ········ 38

4.4　轨道车辆车厢 LED 照明控制系统总体原理 ········ 40

4.5　控制系统亮度采集模块的设计 ······················· 41

4.6　控制系统通信方式的选择 ···························· 43

4.6.1　RS232 通信方式 ································ 43

4.6.2　RS485 通信方式 ································ 44

4.6.3　CAN 总线通信方式 ··························· 44

4.6.4　三种通信方式的比较 ·························· 45

4.7　轨道车辆车厢 LED 照明控制系统通信接口电路设计 ···· 45

4.7.1　基于 SJA1000 的控制电路设计 ·············· 46

4.7.2　基于 PCA82C250 的收发电路设计 ··········· 48

4.8　轨道车辆车厢 LED 照明控制算法研究 ············· 49

4.8.1　车厢亮度变化因素分析 ······················ 49

4.8.2　亮度处理数据融合算法 ······················ 49

4.8.3　PID 控制算法 ································· 54

4.9　轨道车辆车厢 LED 照明亮度智能控制仿真分析 ···· 55

4.9.1　置信距离矩阵的计算 ·························· 56

4.9.2　支持度关系矩阵的计算 ······················ 57

4.9.3　融合结果的计算 ································ 59

4.9.4　总体结果分析 ································· 59

4.9.5　PID 仿真分析 ································· 61

4.10　本章小结 ··· 64

第5章　轨道车辆车厢 LED 照明系统故障诊断与预报 ……………… 65

5.1　轨道车辆车厢 LED 照明系统故障机理分析 ……………… 65

5.1.1　LED 控制电路模块故障机理分析 …………………… 66

5.1.2　LED 驱动电源模块故障机理分析 …………………… 69

5.1.3　LED 灯板模块故障机理分析 ………………………… 70

5.1.4　亮度传感器采集模块故障机理分析 ………………… 71

5.2　基于置信规则库的系统故障诊断研究 …………………… 72

5.2.1　故障特征提取方法研究 ……………………………… 73

5.2.2　置信规则库理论 ……………………………………… 82

5.2.3　桥式整流滤波电路故障诊断 ………………………… 85

5.3　基于置信规则库的系统故障预报研究 …………………… 88

5.3.1　基于置信规则库的故障预报 ………………………… 88

5.3.2　亮度传感器故障预报仿真分析 ……………………… 90

5.4　本章小结 ……………………………………………………… 94

第6章　轨道车辆车厢 LED 照明控制系统可靠性分析 …………… 96

6.1　LED 照明产品可靠性问题 ………………………………… 96

6.1.1　LED 照明产品可靠性技术研究现状 ………………… 96

6.1.2　可靠性定义与度量 …………………………………… 97

6.1.3　可靠性实验 …………………………………………… 100

6.2　LED 照明控制系统可靠性建模与分析 …………………… 101

6.2.1　可靠性模型 …………………………………………… 101

6.2.2　可靠性分析 …………………………………………… 104

6.3　LED 照明产品可靠性因素分析 …………………………… 108

6.3.1　故障树理论与分析方法 ……………………………… 109

6.3.2　故障树的建立 ………………………………………… 109

6.3.3　故障树的数学描述 …………………………………… 110

6.3.4　故障树的评定 ………………………………………… 111

6.3.5　可靠性影响因素分析 ………………………………… 112

6.4　LED 照明控制系统剩余寿命预测 ………………………… 117

6.4.1　加速退化实验的分类及模型 ………………………… 117

6.4.2　基于 Wiener 过程的轨道车辆车厢 LED 照明控制系统剩余寿命预测 … 121

6.4.3　实验准备 ……………………………………………… 126

6.4.4　实验设备 ……………………………………………… 128

6.4.5　实验步骤 ·· 129

6.4.6　轨道车辆车厢 LED 驱动电源剩余寿命预测 ········· 131

6.5　本章小结 ··· 134

参考文献 ·· 136

附录 ·· 139

第 1 章　概　　述

1.1　LED 照明在轨道车辆中的应用与发展

LED 是一种将电能直接转换成光能的半导体固体照明器件。LED 具有驱动电压低、工作电流小、抗振动和冲击能力强、体积小、可靠性高、耗电少和寿命长等特点，广泛应用于信号指示、照明、背光源等[1]。

随着 LED 照明技术的飞速发展和节能减排政策的深入实施，LED 光源开始应用于道路照明和地铁照明[2,3]。2007 年，日本首次大规模采用 LED 照明设备[2]。该设备由东芝照明技术公司研发，应用在新型 Romancecar 50000 型电车内，如图 1-1 所示。Romancecar 50000 型电车内照明设备安装位置包括坐席上部行李架下方、瞭望室天花板、车门上部和驾驶席天花板等处，一列电车大约使用 1900 根直线状模块，100 部专用电源。

图 1-1　Romancecar 50000 型电车

从2008年开始,我国多个地区的地铁采用LED照明灯具。香港地铁携九洲光电在国内率先引入LED光源作为地铁车厢内部照明(图1-2),拉开了地铁LED照明时代的序幕。2011年,国家相关部门出台《地铁场所照明用LED灯具技术规范》,明确了地铁LED照明灯具的采购规范,为地铁LED照明灯具打开标准化之路。

图1-2　香港地铁车厢LED照明

从2014年开始,我国在地铁建设中,普遍使用LED作为照明首选。深圳地铁1号线的新车厢中,车内照明采用中国中车股份有限公司拥有的LED集中供电专利技术,相对于常规照明节电30%以上,如图1-3所示。上海也在2014年9月为地铁3、4号线引进LED照明技术,采用自动感光式LED,根据外部光照度来自动调节光照度,以便降低能耗,如图1-4所示。

图1-3　深圳地铁1号线

图 1-4　上海地铁 3 号和 4 号线车厢内部图

　　2015 年,英国最大的火车公司——维珍火车,选用 Aura Light 的 LED 照明,并装设在潘多利诺(Pendolino)列车上(图 1-5)。每列火车的车厢都装有 Aura Light 的 A-LED 白、蓝色聚光灯。Aura Light 的灯具替换掉的是色温只有 2700K 的 20W 低压卤素灯和白炽灯。这些传统灯具无法提供足够照度,且相对昂贵。替换掉旧式灯具后,维珍火车不但降低能耗和电费,同时减少 75% 的维修费用。

图 1-5　潘多利诺列车车厢 LED 照明

1.2　轨道车辆车厢 LED 照明存在的问题

LED 光源以其诸多优势在国内外轨道车辆车厢照明领域迅速崛起,在城轨车辆领域的应用越来越受到关注。但是,LED 应用于轨道车辆车厢照明还存在许多难题,如 LED 的散热问题、LED 的恒流恒压源驱动问题、LED 的故障诊断与预报问题、LED 控制系统的寿命评估问题等。本书主要针对以上几个问题开展研究及分析。

1. 轨道车辆车厢 LED 照明散热问题

长期以来,LED 的散热问题是制约 LED 照明在轨道车辆车厢广泛推广应用的难题之一。LED 照明不同于传统的辐射光源,它将大约 32% 的能量转化为可见光,剩余的 68% 则以热的形式通过其背部的散热底座传导出去,如果散热不好,LED 芯片的温度就会急剧上升。由于 LED 芯片对温度的敏感性,当温度上升时,其可靠性将大幅度降低,严重时导致 LED 损坏。因此,解决散热问题已成为高亮度 LED 照明应用的先决条件。

针对 LED 的散热问题,第 2 章设计了一种新的 LED 散热装置,采用四周开通风孔的可拼接结构以满足不同尺寸大小的 LED 灯具的设计需求,充分利用风力降温法,使温度下降更加明显。与此同时,灯具外壳散热效果良好,可以有效降低 LED 工作温度。

2. 轨道车辆车厢 LED 照明驱动电源设计

LED 具有单向导通性,电压-电流(V-I)曲线具有非线性,压降随温度变化较大,发光强度随电流变化较大等特点,导致 LED 照明不能直接使用轨道车辆的交流电,必须使用专门的电源将轨道车辆中的交流电转换成特定电压的直流电。

针对轨道车辆车厢 LED 照明的驱动问题,第 3 章设计了一种新型轨道车辆车厢 LED 照明驱动电源,采用闭环控制原理和 PWM 方式,具有浪涌保护功能,可以增强其稳定性和可靠性。

3. 轨道车辆车厢 LED 照明系统故障诊断与预报

针对 LED 照明的特点,第 4 章设计了轨道车辆车厢 LED 照明控制系统。整个轨道车辆车厢 LED 照明系统复杂,电子元器件多,在实际应用中,任何一部分电路或者任何一个元器件出现故障,都会导致轨道车辆车厢 LED 照明系统不能正常工作,同时有可能造成局部,甚至整车照明系统的瘫痪,影响行车安全。因此,及时发现已有故障或对可能出现的故障进行预报,对轨道车辆的安全运行具有重要意义。

为了解决轨道车辆车厢 LED 照明系统的故障诊断与预报问题,第 5 章基于置信规则库专家系统对轨道车辆车厢 LED 照明系统进行故障诊断与预报的研究。

4. 轨道车辆车厢 LED 照明系统可靠性分析

轨道车辆车厢 LED 照明系统可靠性是衡量系统先进性的重要指标,也是 LED 照明在轨道车辆车厢推广的重要参考。

为了提高轨道车辆车厢 LED 照明系统的可靠性,第 6 章提出一种带漂移参数的 Wiener 过程的剩余寿命预测方法,并基于 Bayes 方法对参数进行估计,可以提高预测精度,降低预测的不确定性。同时,也可为其他同类产品的剩余寿命预测提供参考。

1.3 本 章 小 结

本章简要介绍 LED 照明在轨道车辆车厢中的应用与发展,并分析现阶段存在的问题。在此基础上,介绍本书的重点研究内容和主要方法。

第 2 章　轨道车辆车厢 LED 照明结构设计

随着轨道车辆车厢照明技术的发展,LED 照明无论节能、环保,还是经济效益等方面都优于荧光灯等传统轨道车辆车厢照明方式,逐渐成为取代传统光源的新型车厢照明装置。目前,LED 车厢照明在结构设计方面存在散热不理想、维修安装不方便等问题。本章设计了一种轨道车辆车厢 LED 照明新型结构,用于解决轨道车辆车厢 LED 照明在散热、结构等方面的问题。

轨道车辆车厢 LED 照明结构包括灯体、上灯罩、下灯罩、灯罩板、支架、螺钉、LED 散热型材、LED 光源板等。LED 灯的主体结构由上灯罩和下灯罩构成。其内部的光源模块为光源板和散热型材。散热型材可以对光源板起到良好的保护作用。为了光源模块能够持续在合适的温度下工作,我们选用散热性能较好的铝型材,并加装散热片。此外,为了确保支架不会因车辆高速行驶时的振动产生形变,支架采用型材。

2.1　新型旋轴式轨道车辆车厢 LED 照明结构设计

新型旋轴式轨道车辆车厢 LED 照明结构包括灯体、反光板、罩板、灯罩、LED 驱动器和 LED 光源板。反光板设置在灯体的下方并通过折页与灯体连接在一起。LED 驱动器放置在反光板与灯体构成的空间内。LED 光源板设置在反光板的下面。罩板一端通过旋轴式挂钩与灯体连接在一起,另一端通过安装钉与灯体连接。罩板可便捷拆卸,悬挂在灯体上。灯罩安装在罩板上。其整体结构如图 2-1 所示。

灯体由铝型材机加工制成,质量轻、强度高,可以满足车体减重的要求。反光板端部设有端板,四周与罩板通过密封胶条紧密压实,可以达到密封等级 IP40(防止大于 1.0mm 的固体外物侵入,防止直径或厚度大于 1.0mm 的工具、电线及类似的小型外物侵入而接触到电器内部

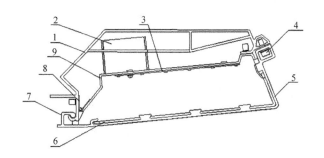

图 2-1　整体结构示意图
(1. 灯体 2. LED 驱动器 3. LED 光源板 4. 安装钉 5. 罩板
6. 灯罩 7. 旋轴式挂钩 8. 折页 9. 反光板)

的零件,对水或湿气无特殊的防护)。灯罩采用注塑工艺,外表面与罩板齐平,美观大方。罩板与灯体用旋轴式挂钩安装在一起,旋轴处加工留有间隙,使旋转时不会出现卡滞,旋轴处尺寸设计合理,使旋转角度最大化。反光板与灯体之间的折页材质为不锈钢,可在反光板自然旋下后承受较大重量,使之不会松动脱落。维护时,先打开罩板与灯体之间的安装钉,将罩板自然旋下(图 2-2)并勾住灯体。若需维护 LED 驱动器,可以将灯体与反光板间的安装钉拆卸掉,反光板自然旋下(图 2-3),即可维护背部线束和相关器件。该旋轴式 LED 照明系统立体结构如图 2-4 所示。

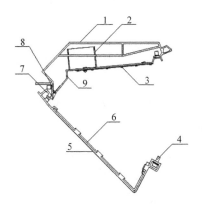

图 2-2　罩板旋下结构示意图
(1. 灯体 2. LED 驱动器 3. LED 光源板 4. 安装钉 5. 罩板
6. 灯罩 7. 旋轴式挂钩 8. 折页 9. 反光板)

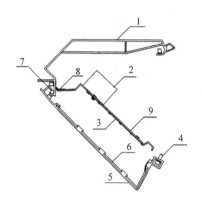

图 2-3　反光板旋下结构示意图

（1. 灯体 2. LED 驱动器 3. LED 光源板 4. 安装钉 5. 罩板
6. 灯罩 7. 旋轴式挂钩 8. 折页 9. 反光板）

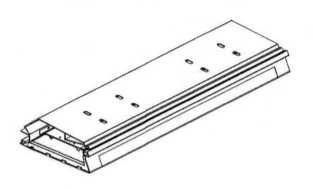

图 2-4　立体结构图

新型旋轴式 LED 照明结构维护方便、牢固耐用、稳定性好、使用寿命长。该结构具有以下优点。

① 灯体与罩板采用旋轴式结构，挂钩拆卸方便，维护时可自然悬挂，不需操作人员手扶。

② 采用新型旋轴式结构，可以提高产品的可操作性和可维护性，整体结构牢固可靠，满足轨道交通长期运行稳定性的需要。

2.2　轨道车辆车厢 LED 照明散热装置结构设计

散热问题是轨道车辆车厢 LED 照明的一个关键问题。LED 受温度影响大,温度升高到一定值会导致 LED 亮度不足,因此采用高效的降温方法显得尤为重要。传统的散热方式采用铝片作为导热工具,如一般导热系数为 96.2W/(m·K)的 ADC12、A380 等压铸铝件。由二极管产生的热量公式 $Q=UIT$ (U 表示二极管两端加载电压,I 表示二极管流过电流,T 表示工作时间),可知随着时间的增加,温度随之升高,因此只靠静态的散热片进行散热是不够的。本节设计了一种新的散热装置,采用四周开通风孔的可拼接结构,可以满足不同尺寸的 LED 灯具设计需求,充分利用风力降温法,使温度下降更加明显,可以有效实现 LED 的快速降温。

　　散热装置由散热架、LED 发光体、铜片、发光体导线等组成,在散热架长方体的两边留有两个凸台和两个凹槽(用于镶嵌),且在凸台和凹槽的中心位置加工有连通的圆孔,用于实现气体流通。散热架装配图如图 2-5~图 2-7 所示。为保证整个装置充分利用流动的气体降温,设计了一种堵塞,只保留需要的通风孔,如图 2-8 和图 2-9 所示。支撑架一端开口,并且内部留有台肩。台肩用来安装导热铜片,一方面保证与可拼接散热架紧密贴合,不留气隙;另一方面保证通气孔的气流直接吹到铜片上,实现快速降温。LED 光源安放在可拼接散热架与铜片组成的凹槽内,每个支撑架的四周是四分之一的内圆角,当四个支撑架拼接到一起时组成一个导线传输管,每个导管内至多两根导线,且涂有绝缘

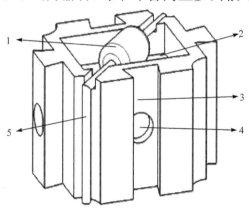

图 2-5　散热架装配图

(1. 发光体　2. 铜片　3. 可拼接散热架　4. 通风孔　5. 发光体导线)

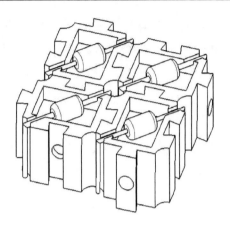

图 2-6　侧视图

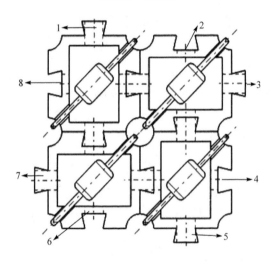

图 2-7　俯视图

（1、3、5、7. 凸台处通风孔 2、4、6、8. 凹槽内通风孔）

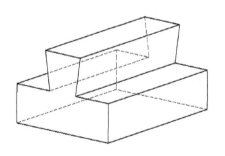

图 2-8　Ⅰ型堵塞示意图

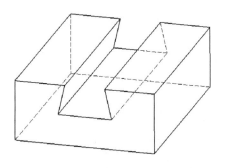

图 2-9 Ⅱ型堵塞示意图

物。导线沿着支撑架四周的内圆角连接至电路板,为保证支撑架与电路板的紧固性,采用绝缘防热胶体将可拼接散热架与电路板整体连接起来,保证引脚将电流稳定传输至光源。在留下的通风孔中,让电风扇与Ⅰ型通风孔或Ⅱ型通风孔相连,同时出气孔与Ⅰ型或Ⅱ型通风孔相连。Ⅰ型、Ⅱ型通风孔如图 2-10 和图 2-11 所示。PN 节(positive nega-tive junction)转化为光源的电流只有 15%,剩余的 85% 转化为热量,且温度会随着时间的增加而增加。当温度增加到某一个温度点后,监控器发出指令,增加电风扇的转速,带走过多的热量,实现 LED 的稳定工作。

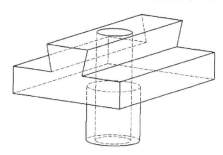

图 2-10 Ⅰ型通风孔示意图

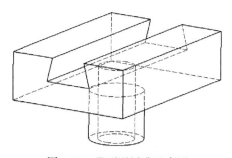

图 2-11 Ⅱ型通风孔示意图

2.3　轨道车辆车厢 LED 照明保护装置结构设计

目前,安装或维护轨道车辆车厢 LED 照明装置时,一般先打开灯罩,露出 LED 光源模块,安装或维修完灯体后再合上灯罩。这种安装与维护方式会使 LED 光源模块暴露在外,使 LED 光源模块受到触摸、灰尘、静电等造成的损坏,导致其维护成本高。

本节设计的 LED 照明保护装置由灯体、LED 光源模块、防静电护罩及灯罩组成如图 2-12 所示。设计的 LED 照明保护装置还增加了防静电护罩,并在防静电护罩两侧加透明端板,当操作人员维修灯体时,该护罩可以避免 LED 光源模块直接暴露在外。同时,为了提高光照效率和阻燃性能,防静电护罩采用专用防火材料,并且同时保证不减少 LED 的光通量。

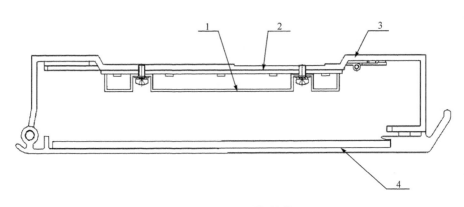

图 2-12　LED 照明保护装置
(1. 防静电护罩 2. LED 光源模块 3. 灯体 4. 灯罩)

该结构通过增加防静电护罩后,LED 照明系统无论在安装还是维护时,都能保证 LED 光源模块不会受到触摸、灰尘等静电的损坏,保证 LED 照明系统的高可靠性和高寿命。

2.4　本 章 小 结

　　本章首先对轨道车辆车厢 LED 照明结构进行总体设计。然后,针对 LED 存在的散热问题设计了一种新的散热装置,可以实现快速降温。为了避免操作者安装或维护时使 LED 光源模块受到损坏,本章还设计了一种保护装置。

第3章 轨道车辆车厢 LED 照明系统驱动电源设计

LED 驱动电源是实现 LED 照明必不可少的设备,因此要实现并发挥 LED 照明的优点,与之匹配的 LED 驱动电源必不可少。根据 LED 的特性,其驱动电源需要满足以下要求[4]。

(1) 高可靠性

轨道车辆是长期行驶的运输工具,在行驶过程中车厢一直处于振动状态,这就对车辆内的电器设备提出了更高的要求。一般每个 LED 模块配备一个驱动电源,驱动电源安装在封闭的灯体内部,维修或更换过程相当复杂,这就要求 LED 驱动电源具有极高的可靠性。

(2) 高效率

驱动 LED 的电能首先要经过驱动电源的转换,再供给 LED 灯使用。LED 是节能型产品,因此 LED 驱动电源必须高效节能,才能真正实现 LED 灯的节能效果。这就要求 LED 驱动电源具有更高的转换效率。

(3) 高功率因数

功率因数是指加在负载上的电压与电流的相位差 φ 的余弦。参照有关灯具电子镇流器的要求,功率大于 25W 的灯必须有较高的功率因数。

电压和电流的相位差越高,其供电效率越低。同时,相位差还会引起高次谐波,如果反馈到电网就会对电网造成污染。同类负载越多,产生的高次谐波也会越多,对电网的污染程度越大。轨道车辆车厢内的 LED 灯模块数量庞大,驱动电源的数量也非常多。如果存在过高的相位差,势必会对电网造成谐波污染。因此,LED 驱动电源要有高的功率因数。

(4) 恒流驱动方式

由 LED 的 V-I 特性可知,LED 发光强度受电流影响很大,因此 LED 驱动器必须输出恒定的电流,LED 的发光才会稳定。利用恒流驱动方式供电,无论负载怎么变化,其输出电流都是稳定的,因此可以保证 LED 的发光亮度恒定,进而保证轨道车辆车厢中的亮度恒定。

（5）浪涌保护

LED 具有击穿特性,尤其是反向击穿电压较低。轨道车辆供电电网中经常会有尖峰电流产生,因此为了保护驱动电源和 LED 灯不被破坏,必须在驱动电源中采取措施进行浪涌保护。

（6）温度保护功能

LED 的温度不但影响其发光亮度、颜色,而且对寿命也有很大的影响,因此必须控制其工作温度。在轨道车辆车厢 LED 驱动器设计中,有必要采取措施,加强温度控制。

（7）LED 驱动电源寿命

使用寿命长是 LED 的一大优点,但如果没有一个与使用寿命相匹配的驱动电源,其使用寿命再长也没有意义。因此,轨道车辆车厢 LED 照明对驱动电源寿命的要求比较高。

（8）PWM 调光

在有些新型列车中,为了节约电能,车厢照明要求有调光功能。在对 LED 调光的过程中,既要保证其处于导通状态,又不能引起它的光谱波长漂移,因此线性改变 LED 的电流是不可靠的。在不改变导通频率的情况下,通过改变一个周期中导通与关断时间占有的比例,可以实现对 LED 电流的控制,从而达到调光的目的,避免 LED 灯的闪烁,使 LED 稳定发光。

3.1　轨道车辆车厢 LED 驱动方式的选择

LED 驱动电源有许多种,按驱动方式可分为恒流式和稳压式两种,它们各有自己的特点。

3.1.1　恒流式 LED 驱动器

恒流式 LED 驱动又可分为交流/直流(AC/DC)变换恒流驱动和直流/直流(DC/DC)变换恒流驱动。恒流驱动器的特点是其输出电流是恒定的,而电压会随着负载的变化而变化。利用恒流驱动方式对 LED 供电,可以实现 LED 的稳定发光。如果电流控制得当,尽管 LED 的电压发生变化,其发光亮度将保持不变。

1. AC/DC 变换恒流驱动器

AC/DC 变换恒流驱动器如图 3-1 所示。常见的 AC/DC 变换恒流驱动器有两类,一类是隔离型 AC/DC 变换恒流驱动器,另一类是非隔离型 AC/DC 变换恒流驱动器。隔离型驱动器非常符合安全规范要求,其特点是输入交流线和输出直流线没有公共线。它采用的是工频交流变压器进行隔离或者高频变压器隔离。高频变压器需要把工频电源整流成直流电,通过降压稳压,然后整流成所需的直流电供 LED 使用。非隔离型驱动器的特点是,输入交流线和输出直流线有公共线。它将输入的交流电直接整流成直流电,再用高压芯片进行恒流控制。

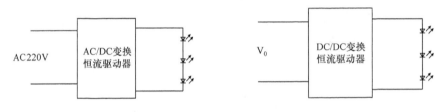

图 3-1   AC/DC 变换恒流驱动器   图 3-2   DC/DC 变换恒流驱动器

2. DC/DC 变换恒流驱动器

DC/DC 变换恒流驱动器(图 3-2)一般用在低压直流供电的 LED 照明中,如 LED 手电筒、LED 阅读灯、LED 台灯等产品。这些小功率 LED 产品的主要供电电源为电池。DC/DC 变换恒流驱动器也分为多种,如升压型、降压型、升降压型等,并且还可以细分,如图 3-3 所示。采用电池供电的 LED 灯,如果采用串联排列方式,就需要用升压型 DC/DC 变换恒流驱动器。如果 LED 是并联排列,一般采用降压型 DC/DC 变换恒流驱动器。

3.1.2   稳压式 LED 驱动器

稳压式 DC/DC 驱动器按照储能方式可分为以电感作为储能元件

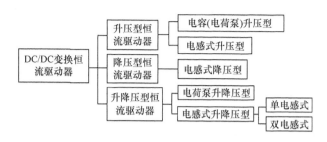

图 3-3　DC/DC 变换恒流驱动器分类

和以电容作为储能元件两种类型。由于电感容易向外释放频率,产生电能的损失,并且对其他器件产生干扰,因此在抗干扰要求高的地方很少使用。以电容为储能元件的 DC/DC 稳压器也叫电荷泵,由于电容不会向外发射能量,因此这种驱动器应用比较广泛[5]。

稳压式 LED 驱动器具有如下特性。

① 驱动器电压的输出恒定,其电流输出随 LED 阻值的变化而变化。

② 如果负载短路,因电流的升高,电源将被烧坏。

③ 由于不同的 LED 阻值不完全相同,如果采用并联驱动,每个 LED 亮度会有差异,需要增加电阻进行平衡。

④ 这种驱动方式技术成熟,价格低廉,可以采用一个大功率多路输出稳压源驱动几个直流恒流源。

通过对比恒流式和稳压式两种驱动方式的特点,为了达到对轨道车辆车厢中 LED 照明亮度的控制,可以采用恒流式 DC/DC 变换器。

3.2　轨道车辆车厢 LED 照明驱动电源基本原理

3.2.1　DC/DC 变换器原理

利用电感和电容能够存储能量的特点,将输入端电压源的能量暂时存储在该种元器件中,然后再传输给负载,便可以实现 DC/DC 变换。

在开关型 DC/DC 变换器中,磁性组件耦合的功率为[6]

$$P_{(L)}=1/2(LI^2f) \tag{3-1}$$

式中，L 为磁性组件的电感；I 为流过磁性组件的电流；f 为流过磁性组件的电流的频率。

从式(3-1)可以看出，若要求电感的尺寸减小，为了保持功率不变，需要将开关管的频率提高。

电容组件耦合的功率为[6]

$$P_{(C)}=1/2(CU^2f) \tag{3-2}$$

式中，C 为电容组件的电容；U 为电容组件两端的电压；f 为施加给电容组件的电压频率。

简化的 DC/DC 变换器电路如图 3-4(a)所示，变换器负载为 R。当开关 S 闭合时，$U_{OUT}=U_R=U_{IN}$，持续的时间为 t_1。当开关 S 打开时 $U_{OUT}=U_R=0$，持续的时间为 t_2，变换器的工作周期为 $T=t_1+t_2$。如图 3-4(b)所示为 DC/DC 变换器的输出波形。

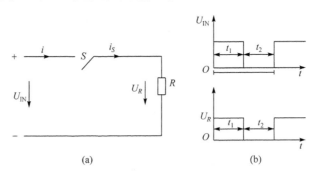

图 3-4　简化的 DC/DC 变换器电路原理

开关 S 的导通时间占周期的比率叫做占空比，如果用 D 表示，则有 $D=t_1/T$。控制开关 S 闭合或断开的方式有两种：一种是 PWM 方式，周期 T 保持不变，只改变 t_1，即改变占空比 D；另一种是脉频调制，开关闭合时间 t_1 保持不变，改变其频率，即改变周期 T。当占空比 D 在 $0\sim1$ 变化时，负载两端的平均电压会在 $0\sim U_{IN}$ 变化。

由于频率调制会造成过大的谐波干扰，因此需要增加特殊的滤波器，这会给电路设计增加难度。在高频稳压开关驱动器中，一般采用的是 PWM 方式。

3.2.2　PWM 调制技术

PWM 基本原理是对晶体管施加的开关脉冲信号频率是固定不变的,即每个周期的总时间长度是一定的,但每个周期内的开启和关断时间有变化,每个周期内的高电平和低电平所占的时间根据需要而变化。

利用占空比对电流进行控制,即根据电流的大小调整施加给晶体管的脉冲信号的占空比。之所以利用 PWM 进行控制,是因为如果调整脉冲信号的频率,驱动器的输出电压就会改变,所以使用调频方式会造成驱动电源电压不稳的现象。PWM 信号在不改变脉冲频率的情况下就能控制输出电流的稳定性,使 LED 发光亮度均匀。

3.2.3　闭环反馈

为了使驱动器输出电流稳定,采用闭环反馈进行控制。通过对输出电流信号的采样,转换成电压信号,与设定的电压信号进行对比,将对比结果转换成具有一定占空比的 PWM 脉冲信号,来控制流经 LED 的电流。

在 LED 驱动电路中,如果流经 LED 的电流尖峰值过高,采集到的电压信号就会增大,如果高于设定的电压值,就要通过转换降低输出脉冲信号的占空比,进而将驱动电源的输出电流调低。如果流经 LED 的电流过低,采集到的电压信号就会减小,如果低于设定的电压值,就要通过转换提高输出脉冲信号的占空比,进而将驱动电源的输出电流增大。在高频通断的情况下,对占空比的调增速度极快,使 LED 发光亮度不变,因此本书采用闭环反馈控制技术,使 LED 灯的发光亮度维持稳定。

3.3　轨道车辆车厢 LED 照明驱动电源的设计

3.3.1　驱动芯片的选择

轨道车辆对灯光的光照亮度有一定的要求,这就需要 LED 驱动芯片的驱动功率足够大。其次,还需要 LED 驱动芯片周围的电路要相对简单,这不但能降低成本,而且能降低维护难度。

在设计中,选择 PT4107 LED 驱动芯片,其封装图如图 3-5 所示。各引脚功能如下。

① GND:芯片接地端。

② CS:电流采样端。

③ LD:线性调光接入端。

④ RI:振荡电阻接入端。

⑤ ROTP:过温保护设定端。

⑥ PWMD:PWM 调光输入端。

⑦ VIN:芯片电源端。

⑧ GATE:驱动外挂金属-氧化物半导体场效应晶体管(metal-oxide-semiconductor field-effect transistor,MOSFET),本书简记为 MOS。

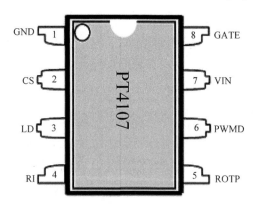

图 3-5　PT4107 LED 驱动芯片封装图

PT4107 是一款降压式 LED 驱动芯片,能承受的输入电压范围是 18~450V。PT4107 可在驱动频率 25~300kHz,向外部功率 MOS 提供 PWM 信号,以恒流的方式驱动 LED。其内部结构如图 3-6 所示。频率可以通过外部电阻来设定。独有的峰值电流控制模式可以保证在很大的输入和输出变化范围内,有效地稳定 LED 的电流。通过选择恰当的限流电阻,能够方便地设定流经 LED 的电流。

PT4107 提供线性调光功能,在线性调光输入端施加电压就可以方便地控制流过 LED 的电流,从而达到线性改变 LED 亮度的目的。此

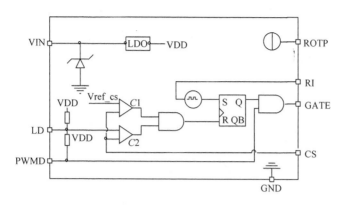

图 3-6　PT4107 内部结构

外,PT4107 也支持低频可变占空比的数字脉冲调光方式。PT4107 通过频率抖动来降低电磁干扰(electro magnetic interference,EMI),并具有过温检测功能口,其特点如下。

① 具有恒定平均电流控制功能。

② 输入电压范围为 18～450V。

③ 支持毫安级至安培级输出电流的应用。

④ 能够驱动上百个 LED 的混联应用。

⑤ 通过输入端能够实现 PWM 数字脉冲调光功能。

⑥ 支持线性调光功能。

⑦ 可有效减少辐射电磁干扰。

⑧ 可外部设定过温保护。

从以上特点可以看出,PT4107 能够满足轨道车辆车厢 LED 照明驱动电源的要求,采用该芯片,可以实现对车厢调光、亮度控制的功能。

3.3.2　EMC 电路设计

电磁兼容性(electro magnetic compatibility,EMC)滤波器的功能是抑制电路中产生的电磁干扰。由于轨道车辆车厢 LED 照明驱动电源是将高压交流电先转化成直流,然后再利用 MOS 进行高频降压,因此电路中存在复杂的谐波干扰。为了消除这些干扰对电源自身和外界造成的干扰损坏,需要在 LED 驱动电源中设计 EMC 电路。

电网中的杂波、开关电路、整流电路、高频变压器、分布电容引起的干扰都可能使 LED 驱动电路产生电磁干扰。其中,电网中的杂波干扰对 LED 的危害最大,因此为了消除电网中的电磁干扰,设计如图 3-7 所示的 EMC 滤波电路。

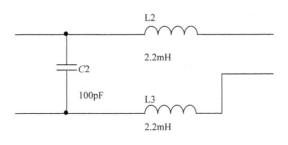

图 3-7　EMC 滤波电路

为了使 EMC 滤波器外形尺寸尽量小,并降低其成本,在满足要求的条件下,选择的电感、电容要尽量小。共模电感一般选用高磁导率的铁氧体磁芯,目前效果较好的是超微晶磁芯,但其价格较高,一般典型值为几到几十 mH。

3.3.3　整流滤波电路设计

本书设计的轨道车辆车厢 LED 照明驱动电源针对 220V 的工频交流电。驱动器首先对该电压进行整流滤波,将其转换成直流电,然后进行降压变换,因此需要进行整流滤波电路的设计。本书采用桥式整流滤波电路。该电路具有全波整流的特点,其原理如图 3-8 所示。

电路原理如下,当 T0 为正半周时,对右上、左下两个二极管加正向电压,此时它们均导通。同时,对左上、右下两个二极管施加反向电压,因此这两个二极管截止。T0、右上、左下二极管、R0 构成通电回路,R0 两端的电压为上高下低的半波电压。T0 为负半周时,对右下、左上两个二极管导通,右上、左下两个二极管截止。电路中的 T0、右下二极管、R0、左上二极管形成回路,在 R0 上形成的电压与上半个周期一样。

如图 3-9 所示为整流后的波形图。可以看出,经整流电路后,正弦波形负半部分翻到零轴以上。

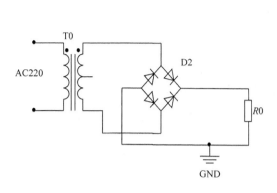

图 3-8　桥式整流滤波电路

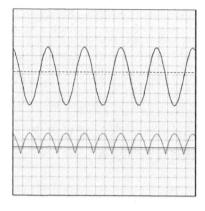

图 3-9　整流后的波形图

在整流后的电路中增加滤波电感和滤波电容,可以对整流后的波形进一步滤波成电压稳定的直流电。其电路如图 3-10 所示。

如图 3-11 所示为整流滤波效果。可以看出,正弦波经整流滤波后基本变为一条水平直线,电压变为直流电,220V 交流电整流滤波后的直流电理论值为 310V。

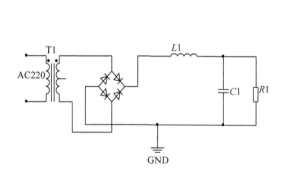

图 3-10　整流滤波电路图

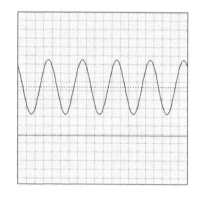

图 3-11　整流滤波效果图

3.3.4　PFC 电路设计

功率因数是指有效功率与总耗电量之比。驱动电源的功率因数校正(power factor correction,PFC)可以衡量其效率,PFC 值越大,代表其电能转化效率越高。

交流电经桥式整流滤波电路后的电流谐波会发生失真,同时发生不连续的现象,因此其功率因数较低[7]。为了提高驱动电流功率因数,设计如图 3-12 所示的平衡半桥 PFC 电路。在电路中,C3、D3、C4、D5构成的电路相当于一个半桥。电阻 R2 起限流和抑制浪涌的作用。当电路中的电压降到一半以下时,二极管 D5 和 D3 将导通,从而使电容C3 和 C4 并联起来释放电能,电流的导通角将会升高,进而使电源的功率因数得到提高。

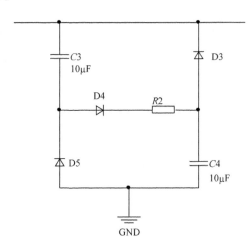

图 3-12　平衡半桥 PFC 电路

3.3.5　降压稳压电路设计

驱动芯片 PT4107 的 VIN 端需要由外部提供 18～20V 的直流电,因此需要对整流后的电压进行降压。为了提高 VIN 电压的稳定性,设计如图 3-13 所示的稳压降压电路。该电路具有滤波和调整电压的双重作用。

电路中的 Q1 为双极性晶体管,其击穿电压大于 500V,最大击穿电流大于 100mA。在晶体管的基极与地之间连接了一个电容 C5,因此在晶体管的发射极端相当于加了一个大于 C5 值的电容。该电路也可叫做电容倍增式滤波器[8]。同时,利用一个稳压二极管与电容 C5 并联,能够有效抑制高频开关的微小波纹。

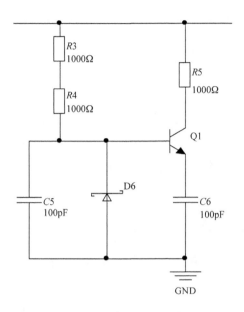

图 3-13　降压稳压电路

3.3.6　DC/DC 变换器电路设计

本书设计的 DC/DC 变换器为单端正激式,即仅用一个开关 MOS。其电路拓扑如图 3-14 所示。电路采用一个变压器 T2,用来隔离和变压。在变压器 T2 的输出端连接一个整流二极管 D8 和一个续流二极管

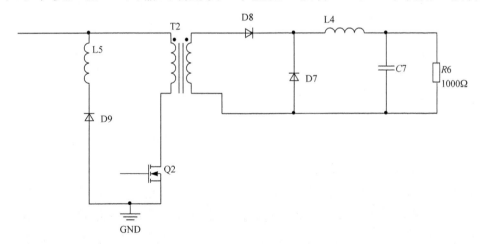

图 3-14　DC/DC 变换器电路拓扑图

D7。二极管 D8 外端加了一个电感 L4,起稳压的作用。电容 C7 连接到输出端负载的两端,用来滤除电路中的杂波。开关 MOS 连接到变压器 T2 输出端与地之间。二极管 D9 和电感 L5 起回流的作用。电路利用电阻 R6 代替 LED 灯。

图中 Q2 为 MOS 开关,在芯片 GATE 端脉冲电压的作用下导通和关闭。DC/DC 变换器变换电压除受高频变压器的影响,还受开关管导通频率的影响。为了输出稳定的电压,施加在开关的脉冲频率一定要稳定。

3.3.7　LED 驱动电源整体电路设计

将上述各部分电路集合到一起便组成本书设计的 LED 驱动电源,如图 3-15 所示。为了防止交流电网中的浪涌电流,保护 LED 驱动电源部分免受突然的高电压,在交流输入端增加了保险丝 F1 和热敏电阻(negative temperature coefficient,NTC)。在接通电源的瞬间通常会有高于正常电流许多倍的浪涌电流,NTC 在开始时的电阻值很大,因此可以抑制这种电流,从而保护 LED 驱动电源和 LED 灯。

输入 220V 交流电经 NTC 和 MEC 的抗浪涌电流和滤波后,经桥式整流电路、滤波电路的作用变为 300V 左右的直流电,在驱动芯片 PT4107 的控制下,经过正激式 DC/DC 变换器变换后,成为特定电压的稳压直流电,供 LED 照明。其工作过程如图 3-16 所示。

经过整流滤波,采用 PFC 电路进行功率因数校正。为驱动芯片 VIN 引脚供电的电源来自稳压降压电路,即倍容式纹波滤波器。300V 左右的直流电经倍容式纹波滤波器降压为 18~20V,供给芯片的 VIN 引脚。芯片 CS 引脚为输出电流采样端,连接负载与地。在负载与地之间有采样电阻 R6~R9。CS 端采集电压信号,当采样电压高于预设值时,芯片会通过一定的逻辑关系,改变输出 PWM 信号的占空比,使输出电流减小。如果要改变驱动电源的输出电流,只需改变电阻 R6~R9 的值即可。芯片 LD 引脚端连接的电位器用于微调驱动器 R11 的输出电流。芯片 RI 端的电阻 R12 用于设定 GATE 端的输出频率。

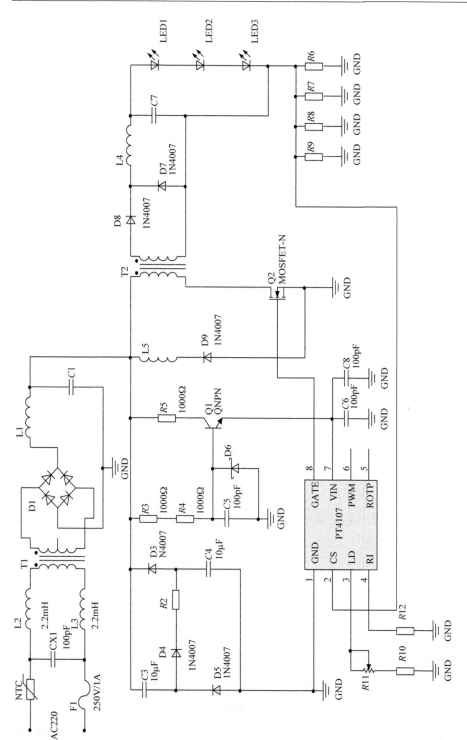

图 3-15 LED 驱动电源整体电路图

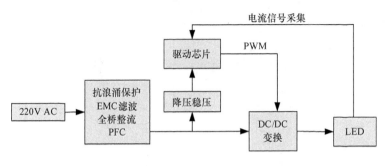

图 3-16　LED 驱动电源工作过程框图

3.4　轨道车辆车厢 LED 照明驱动电源电路仿真分析

3.4.1　仿真电路的设计

利用 Proteus 软件进行仿真,需要利用软件中的 ISIS 模块。本书设计驱动电路的主要组件有电容、电感、二极管、虚拟示波器等。选取组件时,首先要进入组件模式。在组件模式下,点击按钮 P,会弹出组件选取窗口。在窗口的左上角有个关键字对话框,选取需要的组件对应的字符,便可在结果中显示相应的组件。在窗口左侧关键字对话框下方,还有三个选取对话框,分别是类别、子类别、制造商,可以在这三个对话框中依次选取组件的类别、子类别、制造商等,对应的结果就会在窗口中间结果中显示出来。当选择好所需的组件后,右侧会显示该组件的预览。确定组件无误后,点击窗口右下角的确定,相应的组件便会被提取到组件列表中。

提取完所需的组件后,在 ISIS 工作区按照设计的 LED 驱动电源电路绘制仿真电路图。在仿真电路的绘制过程中,Proteus 可以完成自动线路捕捉,给绘制带来了极大的方便。

仿真电路与原驱动电路最大的不同是,在原电路的基础上添加了一些虚拟仪器。它们用来获取一些参数,绘制仿真曲线。Proteus 提供了很多用来测量、显示的虚拟仪器,还有电压、电流探针,以及各种激励源等。添加这些仪器需先点击虚拟仪器模式按钮,切换到虚拟仪器模式。列表会显示所有的仪器,包括示波器、电压表、电流表等。此外,软

件还有图表模式。该模式给出了模拟分析、数字分析、混合分析、频率
响应等图标,可以用来获得相应的仿真曲线。

3.4.2　整流滤波电路的仿真分析

为了验证 LED 驱动电源电路整流滤波部分设计的正确性,对其进
行仿真分析。在整流滤波电路输入和输出点分别添加电压探针,将软
件切换到图表模式。该模式选择模拟分析图表,在工作区绘制出模拟
图表,编辑属性对话框中设置数据采集时间为 800ms。添加探针图线
到模拟图表,点击仿真图表按钮开始仿真,结果如图 3-17 所示。

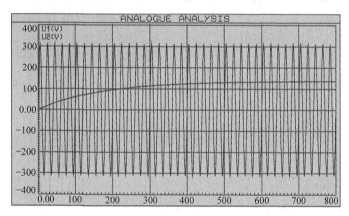

图 3-17　整流滤波电路仿真图

图中深色曲线为整流滤波后的电压值,浅色为整流滤波电路之前
的输入电压波形。可以看出,整个输出曲线近似为一条平滑曲线。在
$t=0$ 时刻,电压值从 0 伏开始逐渐增加,随着时间的增加,电压趋于稳
定,到 500ms 前后基本进入稳定状态,最终整流后的稳定电压维持在
137.5V 左右。在仿真过程中,我们尝试了不同大小的滤波电感。结果
表明,电感越大,整流后电压趋于稳定所用的时间越长,稳定后的电压
波动也越小。

3.4.3　DC/DC 变换器的仿真分析

为了验证 DC/DC 变换器的效果,对其进行仿真分析。首先,用
Proteus 绘制变换器的仿真电路图。为模拟直流电压,在输入点处添加
激励源模式中的直流模式,电压设为 137.5V。为模拟 PWM 信号,在

开关 MOS 的栅极添加激励源模式中的脉冲信号,频率设为 1000Hz。利用虚拟示波器对激励源脉冲信号和电路中二极管输入的电压值和输出电压值进行采集仿真,如图 3-18 所示。

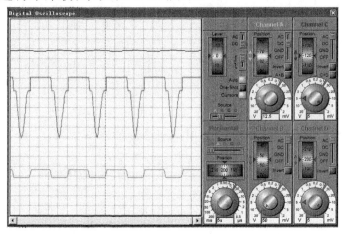

图 3-18　DC/DC 变换器仿真图

图 3-18 最终的输出电压曲线近似为一条平滑水平直线,有微弱的波动,说明电路输出电压值的稳定性;中间曲线为二极管之前采集的电压信号,可以看出其有一定的波动;最下边一条曲线为开关管处输入的激励脉冲信号。激励脉冲信号用来模拟 LED 驱动芯片输出的 PWM 信号。从整个仿真情况来看,在没有驱动芯片控制的情况下,DC/DC 变换器对电压的变换存在一定波动的。可以推测,如果电路输出端负载随着时间变化,电路的输出电压、电流也会随着变化。这在 LED 照明应用中是很不利的,因此在驱动电路中必须使用 LED 驱动芯片。

3.4.4　LED 驱动芯片的仿真分析

LED 驱动芯片是 LED 输出稳定电压和电流的控制中心,无须编程便能实现对电压和电流的自动控制。芯片的体积小,边长只有几毫米。由于 LED 驱动芯片是专用芯片,在 Proteus 仿真软件中没有这种芯片的集成封装结构,因此无法直接调取。驱动芯片的生产厂家对芯片的内部结构严格保密,所以也无法获取芯片内部的电路图。因此,对 LED 驱动芯片的仿真存在一定的困难。本书 LED 驱动电路选取的驱动芯片为 PT4107,参照有关驱动芯片的原理,设计了一个简化的 LED 驱动芯片仿真电路,如图 3-19 所示。

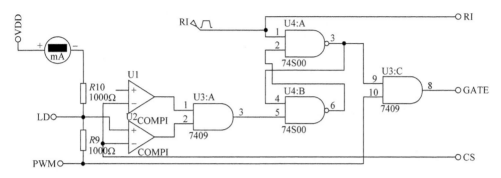

图 3-19　LED 驱动芯片仿真电路

　　在仿真电路中,CS 端加载采样电流,LD 端加载采样电压,RI 端输入锁存器时钟信号,对 GATE 端的输出电压信号进行采集,添加探针和绘制图模拟分析图表。LED 驱动芯片仿真结果如图 3-20 所示。

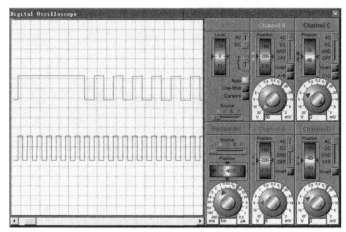

图 3-20　LED 驱动芯片仿真结果

　　图 3-20 上部曲线为芯片 GATE 端口的输出波形,下部曲线为芯片时钟信号。可以看出,在起初几个时钟信号周期内,GATE 端口的输出一直为高电平,之后变为周期稳定的方波信号。出现这种现象的原因是,上电的初始时刻,采样电流的大小从零逐渐增加,达到稳定值之前需要一定的时间。在该时间范围内,驱动电路的输出电流过小,输出高电平,延长开关管的导通时间,使输出电流增加。当电流增加到一定值

后,芯片开始输出稳定的方波信号,达到控制电流的目的。

3.4.5　LED 驱动电源电路仿真分析

在 Proteus 中将设计的 LED 驱动电源电路全部绘制出来,电路中除了驱动芯片,其他组件都可以直接从软件库中调用。利用设计的驱动芯片原理图代替电路图中的驱动芯片进行仿真。在仿真电路图中,交流输入端加载有效幅值为 220V,频率为 50Hz 的正弦激励源信号。整流电路为全波整流,滤波电感大小为 80H,电容为 100nF。在 DC/DC 变换器中,电感为 30H,电容为 500pF,输出端负载选用 500Ω 的电阻代替 LED 灯。驱动芯片锁存器振荡信号输入端加载频率为 1kHz 时钟激励源信号。LED 驱动电源整体仿真电路如图 3-21 所示。

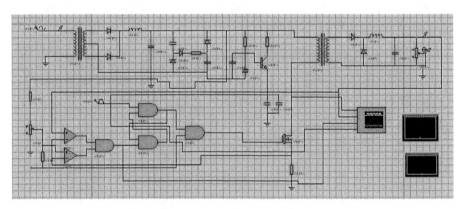

图 3-21　LED 驱动电源整体仿真电路

为了观察整体仿真效果,利用虚拟滤波器分别对输入电压和输出电压进行测量。仿真效果如图 3-22 所示。其中,A 通道连接输入正弦信号;B 通道连接驱动器输出电压信号;C 通道连接开关管 GATE 端,采集开关脉冲信号;D 通道连接驱动芯片的时钟信号。

在图 3-22 中,上部曲线为输入正弦电压信号;上部近似为直线的曲线为驱动电路输出电压信号,随着时间的增加,其输出电压值不变,非常稳定。下面两条脉冲信号曲线分别为 GATE 端信号和芯片时钟信号,可以看出在采样电流和采样电压的作用下,这两个信号的频率不一样。

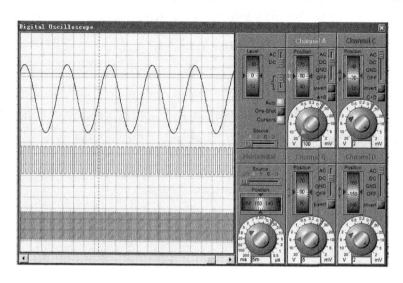

图 3-22 仿真效果图

在驱动电路的输出端负载前添加电压探针,切换图表模式。在工作区绘制模拟图表,将图表时间设为 0～600ms,负载前的电压探针添加到图表曲线。输出电压信号仿真结果如图 3-23 所示。

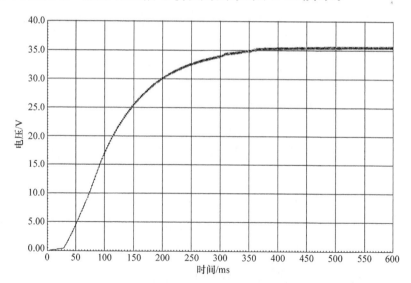

图 3-23 输出电压信号仿真结果

由图 3-23 可知,在初始零时刻,驱动电路输出电压为 0V,延迟数毫秒后开始逐渐增加,经过约 400ms 后进入稳定状态,随着时间的延续电压值做高频率微小波动。根据水平轴的时间刻度可以判断,电压的振动频率在数千赫兹,振动幅度最大为 1V 左右。在驱动电路输出端负载前添加电流探针,可以绘制出模拟图表。同样,将图表仿真时间设为 0~600ms,采集电流信号进行仿真,结果如图 3-24 所示。

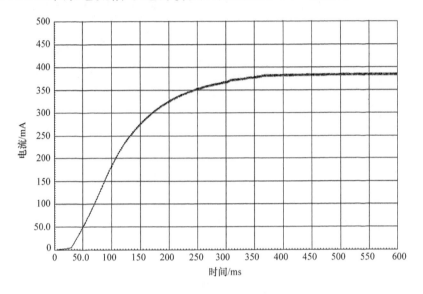

图 3-24　输出电流信号仿真结果

电流仿真曲线的趋势基本与电压曲线吻合,开始时从零逐渐增加,约 400ms 后进入稳定状态,稳定后基本与时间轴平行,不再随时间变化。同样,电流仿真曲线也不是一条平滑的曲线,也存在高频率的微小波动。

驱动器输出电压和电流的高频率微小波动是正弦电压的振荡、开关管的高频通断和电路中电感和电容共同作用的结果。LED 是能够承受高频通断的器件,电压的高频波动对 LED 本身没有危害。对 LED 的发光来说,发光强度与通过 LED 的电流有关。如果电流存在波动,LED 的发光强度也存在波动。如果电流波动频率足够大,超过 100Hz,人眼分辨不出 LED 灯亮度变化。只要电流的平均值不变,LED 灯给人的感觉就是发光亮度均匀。

　　LED 驱动电源电路的整体仿真分析表明,其输出电压与电流平稳,能够满足 LED 的驱动要求。

3.5　本 章 小 结

　　本章首先对轨道车辆车厢 LED 照明驱动电源的要求进行分析,要求驱动电源具有高可靠性、高效率、高功率因数等特点。然后,对 LED 驱动电源的原理、分类进行介绍。在此基础上,选择 PT4107 作为 LED 驱动电源的驱动芯片,设计了一种 LED 驱动电源,并对 LED 驱动电源电路进行仿真分析。仿真结果表明,设计的 LED 驱动电源输出电压和电流平稳,能够满足 LED 的驱动要求,并且设计的驱动电源具有浪涌保护功能,稳定性强、可靠性高。

第4章　轨道车辆车厢 LED 照明控制系统设计

LED 驱动电源仅仅实现了将交流电转换成 LED 所需的直流电,驱动 LED 照明的功能。要实现对 LED 照明的有效控制,还必须研究控制方法。轨道车辆长度较长,为了保证控制的实时性,需要选择一种合理的通信方式。

4.1　轨道车辆车厢 LED 照明控制系统研究现状

我国在轨道车辆车厢 LED 照明控制系统研究方面起步较晚,相关技术尚未取得突破性的进展。中国科学院长春光学精密机械与物理研究所利用数值解法和试错法,基于光学设计软件对 LED 光学系统进行优化,提高了 LED 照明的均匀化程度[9]。重庆大学通信工程学院研究 DC/DC 变换技术和驱动电源电路,提出一种车用 LED 阵列驱动方案[10]。华南理工大学电力电子专业研究人员对 LED 供电系统的可靠性进行研究,从 AC/DC 驱动器的寿命入手设计无光耦 LED 驱动电源,并提出集中电流供电的思想[11]。纵观这些科研单位的研究情况,既没有形成完整的技术体系,也没有专门针对轨道车辆车厢 LED 照明控制系统进行研究。

近年来,我国一些地区的地铁和高铁都是从国外引进相关 LED 产品进行组装应用(图 4-1),但成本很高,不适合在我国轨道车辆中广泛应用。国产化的相关轨道车辆 LED 产品技术不成熟,大多是模仿荧光灯的技术路线进行设计,而且 LED 灯的发光亮度是恒定的,不能进行亮度的调节,没有发挥出 LED 的技术优势。因此,要实现轨道车辆车厢 LED 照明的广泛应用还需要进一步解决好其控制系统的问题。

图 4-1　国外 LED 技术在地铁中的应用

4.2　轨道车辆车厢 LED 照明控制方法分析

实现轨道车辆车厢照明的控制方法有多种,按控制规模可以分为分散式控制方法和集中式控制方法。

4.2.1　分散式控制方法

分散式控制在轨道车辆的每个车厢都设有控制室,车厢照明的控制设备安装在该控制室中,控制设备包括控制器、继电器等。为同时点亮或关断车厢内的所有灯管,控制电路中需要有一个总开关。同时,为了控制单个灯具的亮灭,需要为每个灯具安装一个继电器。

如果仅实现同时点亮或关断所有灯管,控制室中只需要一个控制总开关的继电器就可以。这种方式具有结构简单、控制方便、占用空间小等优点。但是,它实现的功能少,不能达到节能的目的。

为实现对每个灯进行单独控制的功能,需要为每个灯安装继电器。这样不但增加了电源线路的复杂程度,而且会占用很大的空间,增加操作的复杂程度。

一种解决方法是,用一个总开关控制所有灯,再利用多个继电器,每个继电器控制多个灯。这样既能减少继电器开关的数量,又可以方便操作,达到调整车厢亮度的目的。

总的来看,这种控制方式需要在每个车厢设置控制室和控制设备,各个车厢之间是相互独立的,并且没有更高一级的控制核心。操作时,需要在每个车厢配备操作人员。虽然这种控制方式技术要求低、成本低,但不能实现自动控制,浪费人力。

4.2.2　集中式控制方法

集中式控制方法是在轨道车辆某节车厢设一个总控制室。控制室中安装控制设备,用来控制轨道车辆所有车厢的照明设备,而其他车厢不再设控制室,或仅设置简单的应急手动操作开关。

传统的手动操作方法已经不能满足照明系统智能控制的要求,为了进一步实现照明的自动智能控制,需要采用先进的控制方法。集中式控制方式的优点是,不需要在每个车厢设置控制室,节省轨道车辆空间;最多只需一名操作人员就可以实现整车的照明控制。如果采用先进控制技术,甚至不需要人来操作,达到无人控制的目的。

同时,这种控制方式对技术要求很高,需要功能性强的控制系统,并且要与车厢的照明状况进行通信,因此需要先进的通信方式。因为所有的控制都是在一个控制室内进行,所以也要采用一定的布线方式来降低线路的复杂程度。此外,为实现智能亮度调节和智能自动控制,还需对车厢内的亮度进行采集。

综上所述,为了满足新一代照明光源的节能要求,采用集中式控制方法对轨道车辆车厢照明系统进行控制。

4.3　轨道车辆车厢 LED 照明控制系统总体方案

随着 LED 照明技术在轨道车辆中的应用,传统照明控制方式已经不能满足人们的需要。轨道车辆车厢 LED 照明的发展趋势是智能调光,这就需要解决光源与控制器之间的通信问题。传统控制方法是在每个车厢中安装控制柜,控制电器设备安装在控制柜中,由每个车厢内的列车员进行操作。为了减少人为操作,全车采用一台计算机进行自动控制。轨道车辆全车长度最大可达一千多米,这就涉及通信距离问题。要实现对每个 LED 灯亮度的直接控制,需要设置通信节点,节点总数将达数千,这就对控制方式有了更高的要求。

为了控制车厢内的亮度,需要分析影响车厢内亮度变化的因素。影响车厢内亮度变化的因素主要是外部环境亮度的变化,因此需要对环境亮度进行采集,根据环境亮度的变化对车厢内 LED 的发光亮度进行控制。

轨道车辆车厢 LED 照明控制系统原理如图 4-2 所示。系统以工业控制计算机(industrial personal computer,IPC)为控制核心,通过控制器局域网络(controller area network,CAN)总线与下位机通信。然后利用亮度传感器采集车厢外部环境的亮度值,将亮度信息通过 CAN 总线传输至 IPC。IPC 根据外部环境的亮度值控制开关的开启或关闭,以及向单片机发送指令,控制单片机向 LED 驱动器发送不同脉宽的 PWM 信号,控制 LED 灯的亮度。IPC 通过 CAN 总线可以同时控制所有 LED 灯的开关,可以同时调节所有 LED 灯的亮度,也可以调节某一车厢的亮度,甚至某个 LED 灯的亮度。

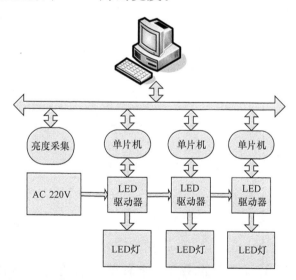

图 4-2 LED 照明控制系统原理框图

正常运行的车辆根据预先编好的程序自动进行控制。首先,参照控制时间,根据每天的天亮时间和夜晚来临的时间,自动关闭和开启所有 LED 灯。可以设置亮度逐渐变化模式,夜晚是逐渐变亮,清晨时逐渐变暗。另外,系统可以随时采集车厢的亮度信息,在阴天、经过隧道等时刻,根据亮度情况自动开启或关闭 LED 灯,并能根据外部亮度调节 LED 的亮度。

4.4　轨道车辆车厢 LED 照明控制系统总体原理

控制系统的总体原理如图 4-3 所示,主要由主供电电路和控制电路两部分构成。主供电电路包括 AC 220V 电源、LED 交流驱动器、LED 灯。控制电路包括 IPC、CAN 总线、亮度采集模块、单片机等。

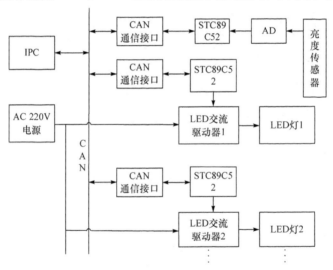

图 4-3　控制系统的总体原理框图

主供电电路的电能来源于辅助逆变器产生的 220V 交流电,由于 LED 是单向导通器件,因此只能用直流电为其供电,需要由 LED 驱动器转换成特定电压的直流电,再直接输入 LED 灯具。

控制系统以 IPC 为控制核心,所有单片机均为系统的下位机,IPC 通过 CAN 总线与下位机通信。控制系统以车厢为单位进行亮度信号的采集及 LED 灯亮度的控制。亮度传感器采集到的车厢亮度信息为模拟信号,通过 AD 转换模块转换成数字量,再通过单片机的 I/O 端口输送给单片机。单片机通过 CAN 总线将亮度值发送给 IPC,IPC 再将各个传感器测得的信息进行融合处理,得到一个比较准确的亮度值。系统根据车厢环境的亮度值向与继电器和 LED 驱动器连接的单片机发送信号。单片机根据 IPC 的命令控制 LED 灯的开启和关闭,实现亮度调整。亮度调节的流程如图 4-4 所示。

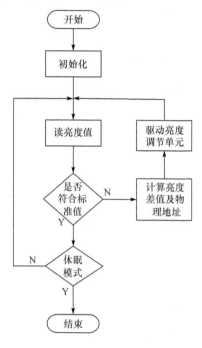

图 4-4　亮度调节流程图

4.5　控制系统亮度采集模块的设计

为了实现轨道车辆车厢 LED 照明系统亮度的智能调节,本节设计了亮度采集模块,如图 4-5 所示。亮度采集模块包括三部分,首先是 STC89C52 单片机,它是模块的微处理核心。STC89C52 单片机具有运算速度快、编程方便、集成化程度高、稳定性高等优点,适合处理计算复杂、动态连续的环境亮度信息。STC89C52 采用精简指令集结构的 8051CPU,能够提供 LED 照明控制系统对环境亮度信息的快速处理能力。STC89C52 有足够的通用 I/O 端口,可以设置成多种模式,具有

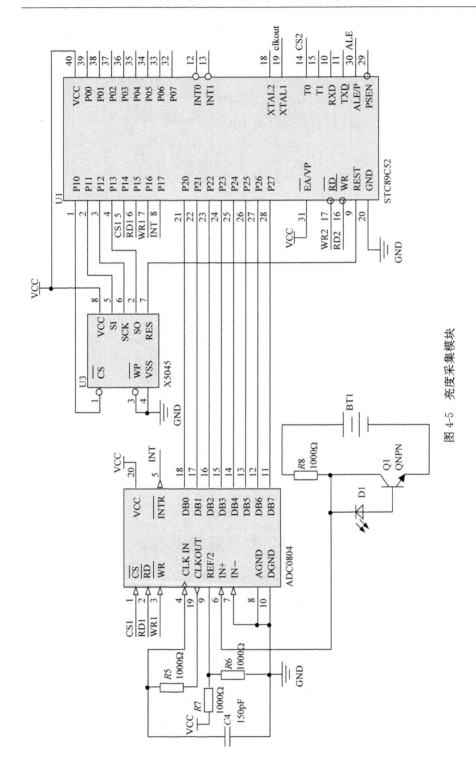

图 4-5　亮度采集模块

ISP/IAP (in system programing/in application programing)特性,可以直接通过串口下载用户程序,给 LED 照明控制系统的程序设计带来极大的方便。系统中其他与 LED 驱动器相连的单片机也应用 STC89C52。

亮度采集模块中的模数转换芯片 ADC0804 与单片机 P02 引脚连接,X5045 芯片用来给 STC89C52 芯片复位。三洋 LA0150CS 照度传感器,分布在车厢的不同位置,用来采集亮度信息。

模数转换芯片 ADC0804 将亮度传感器采集到的模拟量转换为数字量,然后通过 DB0～DB7 引脚传送给单片机的 P02 引脚。ADC0804 是单通道输入,将模拟量转成数字量大约需要 100us。当 CS＝0 时,WR 由低电平到高电平转换。在 CS 和 WR 同时有效时,启动 A/D 转换,转换完成产生 INTR(interrupt 的缩写)低电平信号。单片机通过控制 CS 和 RD 可以读取数据结果。

4.6　控制系统通信方式的选择

轨道车辆照明系统具有通信距离远、节点多、实时性要求高等特点。因此,必须选择一种能够满足要求的通信方式,才能保证系统正常运行。

控制领域常用的通信方式主要有 RS232、RS485 和 CAN 总线。

4.6.1　RS232 通信方式

RS232 是一种常见的串行通信方式,是个人计算机上的通信接口之一,通常以 9 个引脚或 25 个引脚的形式出现,能实现点对点的通信,但不能实现联网功能。它需要发送线、接收线和地址线[12]。由于出现的比较早,这种通信方式存在如下特点。

① 接口的信号电平值比较高,为±(3～15)V,容易烧坏接口芯片。与晶体管-晶体管逻辑电路 (transistor-transistor logic,TTL)电平不兼容,因此不能与 TTL 电路直接连接[13]。

② 具有较低的通信速率,一般为 20Kbit/s(异步通信)。

③ 接口电路抗干扰能力较弱,容易产生共模干扰。

④ 传输距离小,最大为 15m。

4.6.2　RS485 通信方式

RS485 是针对 RS232 的弱点改进的一种通信方式,接口电平信号电压为 $\pm(2\sim6)$V,与 RS232 相比降低许多,因此不容易损坏接口电路芯片。RS485 电平能够与 TTL 电平兼容,所以可以与 TTL 电路连线。RS485 通信速率在短距离传输时可以达到 10Mbit/s。此外,RS485 抗共模干扰能力和抗噪声干扰有了极大的提高[14]。

RS485 不但可以进行一对一通信,而且能够实现一对多的主从式总线拓扑结构。RS485 通信方式在传输速率 100Kbit/s 时可以实现最大通信距离(1219m)[15]。普通 RS485 总线支持的最大节点数为 32 个,如果对芯片加以改装,最多可达 400 个节点[16]。

如果在轨道车辆 LED 照明中应用 RS485 通信方式,需要在每个 LED 灯内设置单片机,并且对每个单片机进行地址编码。由于编码过程比较复杂,并且占用单片机内存大,因此在工程中使用很不方便。此外,RS485 通信方式的应用层没有统一的标准,因此存在不同厂家产品不兼容的问题。

4.6.3　CAN 总线通信方式

CAN 总线应用非常广泛,其通信方式是串行通信。由于可靠性高,并且具有错误检测能力,因此在环节恶劣、辐射强和振动大的计算机控制系统中应用广泛。它具有如下特点。

(1) 数据通信效率高

CAN 总线通信接口的物理层和数据链层协议实现了标准化,并且集成在接口控制芯片中。在位填充、优先级判别、循环冗余检验、数据块编码等各项工作中,CAN 总线可以实现对数据的成帧处理[17]。

(2) 可连接节点数量大

使用 CAN 总线协议进行通信,不再需要对栈地址进行编码,而是采用一种对数据块进行编码的新形式[18]。采用这种通信形式,理论上可以使总线的节点数量不受限制。最多为 8 个字节的数据段进行传输,能够达到 LED 照明系统对信息传输的实时性要求。

（3）各节点之间可以进行无约束通信

CAN 总线的任意一个节点可以自由的向另外任意一个节点发送指令，或者向其他多个或所有节点以广播的形式发送信息。各节点发送的信息在总线中根据优先级以多主竞争的方式传输。

（4）结构简单

CAN 总线结构简单，只需利用双绞线或者光导纤维便可实现通信。由于已经实现标准化，生产其控制芯片等产品的公司比较多，技术成熟、性价比高。CAN 总线控制卡可以通过插卡的方式接入 IPC。

（5）通信距离和通信速率

在速率小于 5Kbit/s 的情况下，CAN 总线的通信距离最远可达10km，在 40m 内其信息传输速率可达到 1Mbit/s。

4.6.4　三种通信方式的比较

通过对以上三种通信方式的比较，可以看出 RS232 通信方式无论从传输距离、传输速率，还是最大通信网络节点数来看，均达不到轨道车辆车厢 LED 照明的控制要求。RS485 的传输距离和传输速率有所提高，但是它的网络最大节点数仍然达不到要求，并且只能以主从式结构进行控制，各点之间的通信都要经过主机，需要对每个 LED 灯的地址进行编码，应用时很不方便。CAN 总线通信方式传输距离远、传输速率高，理论节点数不受限制，能够实现各节点之间的自由通信。

因此，本书 LED 照明控制系统的通信方式选用 CAN 总线通信方式。

4.7　轨道车辆车厢 LED 照明控制系统通信接口电路设计

轨道车辆车厢 LED 照明通信接口在 CAN 总线与下位机之间起连接与通信的作用。其主要功能是不但要接受并分析来自 CAN 总线的数据，传输给下位机，实现控制电路的控制功能，而且要能够接受下位机通过 CAN 总线向上位机发送的数据。设计的接口电路以单片机 STC89C52 为控制核心，CAN 总线接口控制芯片 SJA1000 为控制器，通过芯片 82C250 实现数据的收发。STC89C52 主要起到对控制器 SJA1000 初始化、控制数据的收发等作用。SJA1000 集成了 CAN 总线的通信协议，因此能够使系统真正实现 CAN 总线通信。

4.7.1　基于 SJA1000 的控制电路设计

基于 SJA1000 的控制电路如图 4-6 所示。STC89C52 是一款非常经典的单片机，应用广泛，编程采用 8 位精简指令集计算机（reduced instruction set computing，RISC），是通用的非易失性存储器和微控制器。其指令和数据吞吐能力非常强大，是传统的复杂指令计算机（complex instruction set computing，CISC）结构数据收发速度的很多倍。此外，STC89C52 还与 CAN 总线控制器 SJA1000 具有良好的接口电路。

在单片机的最小系统设计中，为了减小单片机外设晶振对系统运行产生的误差，单片机的晶振接口 XTAL1 与 SJA1000 芯片的 clkout 管脚（内部时钟发生器的输出引脚）相连。其好处是能够保证控制芯片与 SJA1000 运行时处理速度一致。STC89C52 控制芯片和 SJA1000 控制器的复位电路由 X5045 芯片的 RES 引脚（reset 复位引脚）控制，不但可以使电路复位达到一致性，而且可以消去复位按钮带来的抖动，使系统运行更加稳定。

SJA1000 控制器的片选管脚（$\overline{CS}$）由 STC89C52 控制芯片的 P2.7 管脚控制，也可以直接接 VSS（接地）。为了防止系统在启动时，控制芯片的外围电子元器件可能产生的脉冲，本书实验设计由 P2.7 管脚控制片选管脚。SJA1000 控制器支持 89C52 和 86XX 系列单片机，数据线和控制线可以直接与单片机相连。第 11 管脚 MODE 是模式选择位，当 MODE＝0 时，选择 Motorola 模式，当 MODE＝1 时，选择 Intel 模式。数据线（AD0～AD7）连接到单片机（P0.0～P0.7）管脚，用于传输数据。SJA1000 控制器的读（$\overline{RD}$）、写（$\overline{WR}$）管脚分别与单片机的读 P3.7（$\overline{RD}$）、写 P3.6（$\overline{WR}$）管脚相连。SJA1000 控制器的地址锁存管脚与单片机的 ALE 管脚相连。SJA1000K 控制器采用 16MHz 晶振，在 Intel 模式下，通过内部分频，分频因子为 2。此时，clkout 输出的频率为 8MHz。

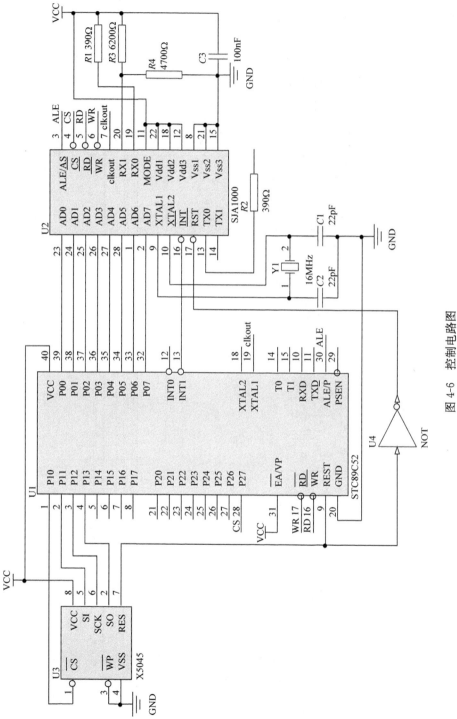

图 4-6　控制电路图

4.7.2　基于 PCA82C250 的收发电路设计

　　PCA82C250 集成收发器是 CAN 总线控制器增强型的接口器件，是连接 CAN 总线控制器与物理层连接器件。为了防止 SJA1000 控制器与 PCA82C250 转换器电气不兼容或干扰，在传输过程中，利用光耦合器 6N137 进行电气隔离。其电路如图 4-7 所示。

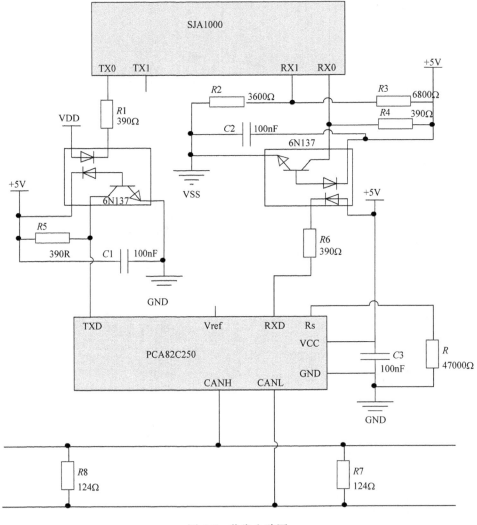

图 4-7　收发电路图

4.8 轨道车辆车厢 LED 照明控制算法研究

4.8.1 车厢亮度变化因素分析

影响轨道车辆车厢内亮度的因素主要是外部环境的亮度。在正常天气状况下,外部环境亮度主要由时间决定,环境亮度会随着一天内时间的变化而慢慢变化,相应的车厢内的亮度也随之进行有规律的变化。如果出现天气变化,外部环境的亮度也会受到天气的影响,出现无规律的变化。同时,轨道车辆经常途经隧道、丛林、地下轨道等环境,这些都会影响车厢内的亮度。总的看来,以上所有因素都可以归结为车厢外部环境亮度对车厢内部环境亮度的影响。因此,对车厢内环境亮度调整时,必须考虑外部环境亮度。

对车厢内部环境亮度的控制还要根据具体的需要进行设计。如果外部环境亮度达到开启 LED 灯的条件,而车厢内长时间没有人,也会造成电能的浪费。这种情况下,要适当降低输出功率或关闭 LED 灯。另一种情况是,夜晚人们活动减少或进入休息状态,这时就需要降低 LED 灯的亮度,一方面可以降低能耗,另一方面可以避免影响人们的休息。

为了减少亮度的突然变化对人们的影响,在某些可提前预知的情况下,需要提前判断输出。因此,在车辆进入隧道之前就要对 LED 亮度进行调整,避免因为延时原因出现车厢内的黑暗现象。

4.8.2 亮度处理数据融合算法

为了对轨道车辆车厢环境的亮度进行采集,在车厢的不同位置安装多个亮度传感器。由于本书设计的控制系统采用集中控制,因此需要对多个传感器采集的数据进行融合处理,得到车厢内一个确切的亮度值。在多个传感器进行测量时,每个传感器的读数不尽相同,因此必然会出现有的传感器测出的亮度值与环境的实际亮度值相差较小,而有的传感器测出的亮度值与环境实际值相差较大的问题。

对于此类问题,通常的做法是对多个测量值取平均数。但是,如果某个传感器的测量值与实际偏差较大,采用平均值法进行计算,对计算结果的影响会较大,所以这种方法并不可靠。为了保证亮度信息采集的准确性,需要研究一种数据融合算法,在保证误差较大的测量值不影响最终计算结果的条件下,计算出一个比较准确的亮度值。

数据融合是把来自多种或多个传感器的信息和数据进行综合处理,得到更为准确可靠的信息的过程[19]。采用数据融合算法可以使信息的可靠度提高,利用信息的互补性,提高系统的综合效能。

目前有多种数据融合方法,如总概率最大法[20]、加权数据融合法[21]、综合支持程度法[22]、极大似然法[23]、Bayes 估计法[24]等。总概率最大法需要对测量结果进行反复迭代,计算量大。加权数据融合法和综合支持程度法类似,都是在对本次测量结果分析的基础上得出的结论,但是没有考虑各传感器的先验知识,结果不可靠。极大似然法考虑各传感器的先验知识,但是没有考虑几个传感器作为总体的整体表现,同样缺乏可靠性。

基于 Bayes 估计的数据融合方法不但考虑各个传感器的先验知识,而且将所有传感器作为总体进行分析,其错误识别率最小。并且,Bayes 估计的数据融合方法计算量小,信息处理速度快,能够保证测距的实时性。因此,本书采用基于 Bayes 估计的数据融合算法对亮度传感器采集的数据进行融合处理。

该算法可分为如下过程。

(1) 置信距离矩阵的建立

为了得到准确的融合结果,需要对各个传感器测量值的有效性进行判断,对其中有效性高的数据予以保留,有效性低的数据舍弃,或者降低置信度。由于被测距离的真实值未知,要判断各个数据的有效性,只能通过同时测得到一组数据的整体进行判断,即假设数据整体是可靠的,把其中与整体复合程度高的数据判为有效。我们引入置信距离矩阵的概念[25],用置信距离测度 d 表示两个传感器的相互支持程度,即 d_{ij} 表示传感器 i 对传感器 j 的支持程度,d_{ji} 表示传感器 j 对传感器 i 的支持程度,其计算公式为

$$d_{ij} = \left| 2\int_{x_i}^{x_j} p_i(x \mid x_i)\mathrm{d}x \right| \tag{4-1}$$

$$d_{ji} = \left| 2\int_{x_i}^{x_i} p_j(x \mid x_j)\mathrm{d}x \right| \tag{4-2}$$

其中，x_i 和 x_j 分别表示在一次测量中传感器 i 和传感器 j 的输出数据；$p_i(x)$ 和 $p_j(x)$ 分别表示 X_i 和 X_j 的概率密度函数。

若用 X_i 表示第 i 个传感器测得的数据，X_j 表示第 j 个传感器测得的数据，那么 x_i 与 x_j 分别为 X_i 和 X_j 的一个样本。若 X_i 和 X_j 都服从高斯分布，σ 为方差，则有

$$p_i(x \mid x_i) = \frac{1}{\sqrt{2\pi}\sigma_i}\exp\left[-\frac{1}{2}\left(\frac{x-x_i}{\sigma_i}\right)^2 \right] \tag{4-3}$$

$$p_j(x \mid x_j) = \frac{1}{\sqrt{2\pi}\sigma_j}\exp\left[-\frac{1}{2}\left(\frac{x-x_j}{\sigma_j}\right)^2 \right] \tag{4-4}$$

利用定积分公式计算出的 d 值有可能是负数，因此取绝对值。d 的值越小，表示两个传感器的支持程度越大。一般情况下，如果 $x_i = x_j$，那么 $d_{ij} = d_{ji} = 0$；如果 $x_i \gg x_j$ 或者 $x_i \ll x_j$，那么 $d_{ij} = d_{ji} = 1$。

在多传感器测量系统中，假设使用 n 个传感器进行测量，可以建立表示 n 个传感器相互支持程度的置信距离矩阵，即

$$D_n = \begin{bmatrix} d_{11} & d_{12} & \cdots & d_{1n} \\ d_{21} & d_{22} & \cdots & d_{2n} \\ \vdots & \vdots & & \vdots \\ d_{n1} & d_{n2} & \cdots & d_{nn} \end{bmatrix} \tag{4-5}$$

（2）有效融合数据的选择

组成测量系统的多个传感器是相互独立的，因此它们的相关程度是相同的。只有在这些传感器对同一个目标同时测量时，它们的测量值才具有一定的关联性。测量值的不同使传感器之间表现出不同的支持程度。

构成置信距离矩阵的置信测度表示的仅仅是两个传感器之间的支持程度，要明确两个传感器是否支持，还需要引入一个阈值 $\varepsilon(0<\varepsilon<1)$。当置信测度小于阈值 ε 时，认为两个传感器相互支持；当置信测度大于阈值 ε 时，认为两个传感器不相互支持。同时，引入参数 r 来标记

是否相互支持,当 $d_{ij}<\varepsilon$ 时,记 $r_{ij}=1$;当 $d_{ij}>\varepsilon$ 时,记 $r_{ij}=0$。但这种方法会在阈值附近存在相互关系的模糊性,随着偏离 ε 的距离的增大,这种模糊性便会消失。一种解决该问题的方法是用一个区间代替一点 ε,增加阈值 ε 的数量。本书引入三个阈值,即 ε、ε_1 和 ε_2,且 $0<\varepsilon_1<\varepsilon<\varepsilon_2<1$。在此基础上,用椭圆曲线表示传感器之间的支持程度,如图 4-8 所示。其计算公式为

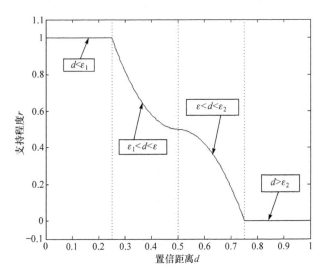

图 4-8　椭圆曲线图

$$r_{ij}=\begin{cases}0, & d_{ij}\geqslant\varepsilon_2 \\[2mm] \dfrac{1}{2}-\dfrac{1}{2}\left(\dfrac{d_{ij}-\varepsilon}{\varepsilon_2-\varepsilon}\right)^2, & \varepsilon<d_{ij}<\varepsilon_2 \\[2mm] \dfrac{1}{2}, & d_{ij}=\varepsilon \\[2mm] \dfrac{1}{2}+\dfrac{1}{2}\left(\dfrac{d_{ij}-\varepsilon}{\varepsilon-\varepsilon_1}\right)^2, & \varepsilon_1<d_{ij}<\varepsilon \\[2mm] 1, & d_{ij}\leqslant\varepsilon_1\end{cases} \tag{4-6}$$

$$R=\begin{bmatrix}r_{11} & r_{12} & \cdots & r_{1n} \\ r_{21} & r_{22} & \cdots & r_{2n} \\ \vdots & \vdots & & \vdots \\ r_{n1} & r_{n2} & \cdots & r_{nn}\end{bmatrix} \tag{4-7}$$

需要说明的是,因为各传感器都是对同一个目标同时进行测量,它们的读数理论上应该是相同的。因为各个传感器随着不同环境的变化,自身响应存在差异,所以它们的实际读数会有所不同。因此,支持程度高的传感器测得的测量值更接近真实值,支持程度低的传感器得到的测量值更偏离真实值,可以选择支持程度高的测量值作为有效值来融合,使测量结果精确度进一步提高。

矩阵 R 为用椭圆曲线表示的支持程度关系矩阵。要选择有效的融合数据,还需要引入另一个阈值 β。当一个传感器被多于 β 个传感器支持时,认为它的输出数据有效,利用该方法可以得到 m 个有效的数据。

(3) 基于 Bayes 估计的数据融合

车厢环境的变化(如湿度、温度、基础的振动等因素)、系统自身内部参数的变化,将导致亮度测量不确定度随时间的延续不断增大,即各传感器将发生不确定的精度损失。因此,不确定度的估计模型必须能够描述不确定度的动态特性。设 n 个传感器在对同一目标一次测量所得的数据中,有效数据的个数为 $m(m<n)$,这些数据的集合为 $X=(x_1, x_2, \cdots, x_m)$,则各个值的条件概率密度为[26]

$$P(\mu \mid x_1, x_2, \cdots, x_m) = \frac{p(\mu, x_1, \cdots, x_m)}{p(x_1, x_2, \cdots, x_m)} \tag{4-8}$$

其中,μ 为测量均值,且服从正态分布 $N(\mu_0, \sigma_0^2)$。

如果有样本元素 x_k,则 x_k 服从正态分布 $N(\mu_k, \sigma_k^2)$。令

$$\alpha = \frac{1}{p(x_1, x_2, \cdots, x_m)}$$

则 α 是与 μ 无关的常数。用 μ_0 和 σ_0 表示数学期望和均方差,σ_k 表示第 k 次测量的均方差,则有如下关系,即

$$P(\mu \mid x_1, x_2, \cdots, x_m)$$

$$= \alpha \prod_{k=1}^{m} \frac{1}{\sqrt{2\pi}\sigma_k} \exp\left[-\frac{1}{2}\left(\frac{x_k - \mu}{\sigma_k}\right)^2\right] \times \frac{1}{\sqrt{2\pi}\sigma_0} \exp\left[-\frac{1}{2}\left(\frac{\mu - \mu_0}{\sigma_0}\right)^2\right]$$

$$= \alpha \exp\left[-\frac{1}{2}\sum_{k=1}^{m}\left(\frac{x_k - \mu}{\sigma_k}\right)^2 - \frac{1}{2}\left(\frac{\mu - \mu_0}{\sigma_0}\right)^2\right] \tag{4-9}$$

可以看出,指数部分是关于 μ 的二次函数。可以判断

$P(\mu \mid x_1, x_2, \cdots, x_m)$ 仍为正态分布,假设服从 $N(\mu_N, \sigma_N^2)$,则有

$$P(\mu \mid x_1, x_2, \cdots, x_m) = \frac{1}{\sqrt{2\pi}\sigma_N} \exp\left[-\frac{1}{2}\left(\frac{\mu - \mu_N}{\sigma_N}\right)\right] \tag{4-10}$$

进一步,可得下式,即

$$\mu_N = \frac{\sum\limits_{k=1}^{m} \dfrac{X_k}{\sigma_k^2} + \dfrac{\mu_0}{\sigma_0^2}}{\sum\limits_{k=1}^{m} \dfrac{1}{\sigma_k^2} + \dfrac{1}{\sigma_0^2}} \tag{4-11}$$

因此,μ 的融合结果为

$$\hat{\mu} = \int_{\mu} \mu \frac{1}{\sqrt{2\pi}\sigma_N} \exp\left[-\frac{1}{2}\left(\frac{\mu - \mu_N}{\sigma_N}\right)^2\right] \mathrm{d}\mu = \mu_N \tag{4-12}$$

4.8.3　PID 控制算法

利用数据融合算法可以得到轨道车辆车厢环境的实时亮度值,与车厢环境期望亮度进行对比可以得到所需亮度的差值,即亮度信号误差,因此可以采用 PID 算法对 LED 灯的输出亮度进行控制。LED 灯的发光亮度与电流大小直接相关,因此对发光亮度的控制实际上是对输入 LED 灯的电流大小的控制。驱动电源输出电流的大小与 PWM 的占空比有关,因此 PID 控制算法就是对单片机输出的 PWM 占空比进行调整。

PID 控制算法具有原理简单、使用方便、参数可以动态调整、适应性强、应用范围广、鲁棒性强等优点,因此是应用最为广泛的一种过程控制算法[27]。

控制器的输出信号为

$$\mu(t) = K\left[e(t) + 1/T_i \int_0^t e(t)\mathrm{d}t + T_d \frac{\mathrm{d}e(t)}{\mathrm{d}t}\right] + \mu_0 \tag{4-13}$$

其中,$\mu(t)$ 为控制量输出;$e(t)$ 为误差信号;K 为比例系数;T_i 为积分时间常数;T_d 为微分时间常数;μ_0 为控制量基准(误差 $e=0$ 时的控制量)。

在 LED 照明控制系统中,车厢内的亮度可以利用亮度传感器采集。通过实时分析可以得到亮度的变化规律,因此可以确定亮度信号

误差 $e(t)$ 的变化规律。控制基准 μ_0 的值可以根据规定进行设定。

加大比例系数 K,可以使系统调节变得灵敏,但是如果比例系数过大,振荡次数增加,系统会趋于不稳定;如果比例系数过小,会造成系统调整速度缓慢。积分部分用于消除系统的稳态误差。T_i 越小,积分作用越大。如果 T_i 过小将会影响系统的稳定性。微分部分用于改善系统的动态特性。T_d 偏大时,超调量会过大,调整时间较长;T_d 偏小时,超调量也会偏大,调整时间较长。

在 IPC 中,利用式(4-13)计算难以实现,需要对其形式进行变换。如果采样周期足够小,有

$$\mu_i = K\Big[e_i + \frac{T}{T_i}\sum_{j=0}^{i} e_j + \frac{T_d}{T}(e_i - e_{i-1})\Big] + \mu_0 \tag{4-14}$$

$$\mu_{i-1} = K\Big[e_{i-1} + \frac{T}{T_i}\sum_{j=0}^{i-1} e_j + \frac{T_d}{T}(e_{i-1} - e_{i-2})\Big] + \mu_0 \tag{4-15}$$

由此可得增量式 PID 控制算法,即

$$\Delta\mu_i = \mu_i - \mu_{i-1} = K\Big[e_i - e_{i-1} + \frac{T}{T_i}e_i + \frac{T_d}{T}(e_i - 2e_{i-1} + e_{i-2})\Big]$$

$$\tag{4-16}$$

为了方便编程实现增量式 PID 控制算法,可将上式转化为

$$\Delta\mu_i = d_0 e_i + d_1 e_{i-1} + d_2 e_{i-2} \tag{4-17}$$

其中,$d_0 = K\Big[1 + \frac{T}{T_i} + \frac{T_d}{T}\Big]$;$d_1 = -K\Big[1 + \frac{2T_d}{T}\Big]$;$d_2 = K\frac{T_d}{T}$。

4.9　轨道车辆车厢 LED 照明亮度智能控制仿真分析

为了验证车厢 LED 照明亮度智能控制方法的正确性,利用 6 个亮度传感器采集的一组数据进行仿真验证。在仿真验证过程中,需要的数据除了亮度值,还有每个传感器测量数值的方差,整体数据的方差、均值等。因此,在计算前首先要进行大量的测量。从测量值中选取的 10 组代表性数据如表 4-1 所示。

表 4-1　10 组代表性测量数据

传感器	光照度(亮度)/lx										方差
1	491	480	492	499	500	501	502	493	530	505	12
2	510	503	502	506	500	482	498	497	504	496	9
3	522	497	490	499	491	498	500	476	504	494	18
4	501	508	509	504	521	496	506	498	499	525	15
5	496	498	503	475	495	508	526	501	509	505	27
6	501	502	530	493	505	497	507	502	503	495	30

　　表每一列的亮度值是 6 个亮度传感器在同一位置同时测得的数据,10 列数是从大量数据中选取的具有代表性的数据。

　　如图 4-9 所示为测量结果的分布图。可以看出,不同传感器测得的亮度值相差比较大,整体数据比较杂乱,某些数值偏离平均值比较远。下面进行数据融合的计算,所有计算都在 MATLAB 中进行。

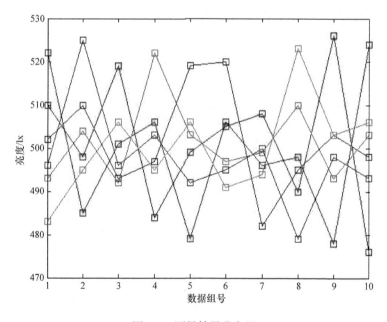

图 4-9　测量结果分布图

4.9.1　置信距离矩阵的计算

　　以第一组数据为例进行计算。式(4-1)~式(4-4)计算置信距离矩阵,程序如下。

```
syms n m k l Q x f d;
m=[491 510 522 501 496 501];
Q=[12 9 18 15 27 30];
 for n=1:6
l=m(n);
for k=1:6
f=(1/(sqrt(2 * pi) * Q(k))) * exp((-1/2) * ((x-m(k))/Q(k))^2);
d=2 * int(f,x,l,m(k));
Z(n,k)=subs(d);
end
end
D=abs(Z)
```

程序中 m 代表亮度值,Q 代表方差,其他符号是定义的一些变量。

经上述程序计算,得到的置信距离矩阵为

$$D_1 = \begin{bmatrix} 0 & 0.9652 & 0.9150 & 0.4950 & 0.1469 & 0.2611 \\ 0.8867 & 0 & 0.4950 & 0.4515 & 0.3959 & 0.2358 \\ 0.9902 & 0.8176 & 0 & 0.8385 & 0.6644 & 0.5161 \\ 0.5953 & 0.6827 & 0.7567 & 0 & 0.1469 & 0 \\ 0.3231 & 0.8802 & 0.8514 & 0.2611 & 0 & 0.1324 \\ 0.5953 & 0.6827 & 0.7567 & 0 & 0.1469 & 0 \end{bmatrix}$$

矩阵数值的大小代表两个测量值之间的距离程度,数值越大,说明两个测量值离得越远;数值越小,说明两个测量值离得越近。

4.9.2　支持度关系矩阵的计算

算法的第二步是计算支持程度关系矩阵,需要将上述置信距离矩阵中的数值代入式(4-6)。阈值的选取根据经验而定,其大小与方差有关,方差越大,需要选取的阈值就越小;方差越小,需要选用的阈值就越大。本次计算选用的阈值为 0.2、0.4、0.6。支持程度关系矩阵在

MATLAB 软件中的计算程序如下。

```
for n=1:6
for k=1:6
if D(n,k)<=0.2
R(n,k)=1;
end
if (0.2<D(n,k))&(D(n,k)<0.4)
R(n,k)=1/2+(1/2)*((D(n,k)-0.4)/0.2)^2;
end
if D(n,k)==0.4
R(n,k)=1/2;
end
if (0.4<D(n,k))&(D(n,k)<0.6)
R(n,k)=1/2-(1/2)*((D(n,k)-0.4)/0.2)^2;
end
if D(n,k)>=0.6
R(n,k)=0;
end
end
end
```

经计算所得的支持度关系矩阵为

$$R_1=\begin{bmatrix} 1 & 0 & 0 & 0.3872 & 1 & 0.7411 \\ 0 & 1 & 0.3872 & 0.4669 & 0.5002 & 0.8369 \\ 0 & 0 & 1 & 0 & 0 & 0.3316 \\ 0.0230 & 0 & 0 & 1 & 1 & 1 \\ 0.5740 & 0 & 0 & 0.7411 & 0 & 0 \\ 0.0230 & 0 & 0 & 1 & 1 & 1 \end{bmatrix}$$

矩阵中数值的大小代表所在列传感器对所在行传感器测量值之间的支持度。数值越大说明支持度越大,数值越小说明支持度越小。数值为1,代表两个测量值完全支持。数值为0,说明两个测量值完全不支持。在支持度矩阵中,第三个传感器对其他传感器的支持度有四个为 0,其他传感器均为两个或一个为 0。因此,可以认为第三个传感器测量结果误差较大,在计算时可以舍去,仅利用其他五个数值进行计算。

4.9.3　融合结果的计算

算法的最后一步是将选出的五个测量值进行融合,需要用到式(4-11)。该部分计算,除了需要五个测量值和五个传感器的方差,还要用到总体均值和方差。经计算总体均值为 504lx,总体方差为 11。第三步在 MATLAB 软件中的计算程序如下。

```
m=[491 510 501 496 501];
Q=[12 9 15 27 30];
v=0;w=0;u0=504;Q0=11;
for n=1:5
v=v+m(n)/Q(n)^2;
w=w+1/Q(n)^2;
end
u=(v+u0/Q0^2)/(w+1/Q0^2);
abs(u)
```

计算得总融合结果为

ans=

502.7285

4.9.4　总体结果分析

对第二组数据进行计算,得到的置信距离矩阵和支持度矩阵为

$$D_2 = \begin{bmatrix} 0 & 0.9894 & 0.6551 & 0.9381 & 0.4950 & 0.5366 \\ 0.9447 & 0 & 0.2611 & 0.2611 & 0.1469 & 0.0266 \\ 0.8434 & 0.4950 & 0 & 0.5366 & 0.0295 & 0.1324 \\ 0.9804 & 0.4215 & 0.4589 & 0 & 0.2889 & 0.1585 \\ 0.8664 & 0.4215 & 0.0443 & 0.4950 & 0 & 0.1061 \\ 0.9332 & 0.0885 & 0.2188 & 0.3108 & 0.1178 & 0 \end{bmatrix}$$

$$R_2 = \begin{bmatrix} 1 & 0 & 0 & 0 & 0.3872 & 0.2666 \\ 0 & 1 & 0.7411 & 0.7411 & 1 & 1 \\ 0 & 0.3872 & 1 & 0.2666 & 1 & 1 \\ 0 & 0.4942 & 0.4567 & 1 & 0.6543 & 1 \\ 0 & 0.4942 & 1 & 0.3872 & 1 & 1 \\ 0 & 1 & 0.9103 & 0.5994 & 1 & 1 \end{bmatrix}$$

支持度矩阵中的第一个测量值的支持程度较低,将其舍弃,利用其他测量值进行融合计算,得到的结果为 ans=503.1306。

利用上述步骤对其他几组数据进行计算,得到的 10 组代表性测量数据融合结果如表 4-2 所示。

表 4-2　10 组代表性测量数据融合结果

组号	1	2	3	4	5	6	7	8	9	10
融合结果	502.73	503.13	500.42	502.96	500.12	500.94	501.57	498.32	503.46	500.04

10 组代表性测量数据融合结果与测量值的对比如图 4-10 所示。

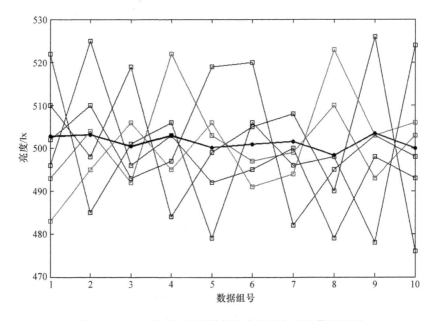

图 4-10　10 组代表性测量数据融合结果与测量值对比图

图中粗线是融合后的结果,细线是融合前的 10 组数据。可以看出,融合前的十组数据分散严重,有个别测量值严重偏离实际值。融合后比较稳定,可以反映环境亮度情况,大大降低亮度测量结果的误差。

4.9.5　PID 仿真分析

PID 参数整定方法有很多,概括起来可以分为理论计算整定法和工程整定法。理论计算整定法主要依据系统的数学模型,经过理论计算确定控制器参数。工程整定法是通过实验,然后按照工程经验公式对控制器参数进行整定。整定方法主要有 Ziegler-Nichols 整定法、临界比例度法、衰减曲线法。本书采用临界比例度法。

临界比例度法适用于已知对象传递函数的场合。在闭环控制系统中,将调节器置于纯比例作用下,从大到小逐渐改变调节器的比例度,得到等幅振荡的过渡过程。此时的比例度称为临界比例度 δ_k,相邻两个波峰间的时间间隔称为临界振荡周期 T_k。采用临界比例度法时,系统产生临界振荡的条件为系统的阶数是 3 阶或 3 阶以上。

临界比例度法的步骤如下。

① 将调节器的积分时间 T_I 置于最大($T_I = \infty$),微分时间置零($\tau = 0$),比例度 δ 适当,平衡操作一段时间,把系统投入自动运行。

② 将比例度 δ 逐渐减小,得到等幅振荡过程,记下临界比例度 δ_k 和临界振荡周期 T_k 值。

③ 根据 δ_k 和 T_k 值,采用表 4-3 中的经验公式,计算调节器的各个参数。

表 4-3　PID 参数整定

控制器类型	比例度 $\delta/\%$	积分时间 T_I	微分时间 τ
P	$2\delta_k$	∞	0
PI	$2.2\delta_k$	$0.833T_k$	0
PID	$1.7\delta_k$	$0.50T_k$	$0.125T_k$

按"先 P 后 PI 最后 PID"的操作程序将调节器整定参数调到计算值上。若还不够满意,可再进一步调整。在临界比例度法整定参数时,有的过程控制系统,临界比例度很小,调节阀不是全关就是全开,对工业生产不利;有的过程控制系统,当调节器比例度调到最小刻度值时,系

统仍不产生等幅振荡,因此将最小刻度作为临界比例度 δ_k 进行调节器参数整定。

通过临界比例度法对 PID 传递函数中的参数进行整定,整定后的传递函数为

$$G(s) = \frac{500}{(s^2 + 10s + 50)(s + 10)} \tag{4-18}$$

如图 4-11 所示为对 PID 参数整定后的仿真结果。可以看出,通过对 PID 参数的整定,控制曲线在 1s 内达到稳定值,系统响应速度快,无超调。

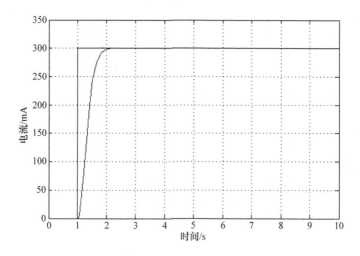

图 4-11　PID 参数整定仿真结果

轨道车辆在运行过程中的外部环境亮度变化情况多种多样,按照变化速度可以分为亮度缓慢变化情况和亮度突然变化情况两种。缓慢变化情况一般由昼夜交替过程、天气变化等原因引起。突然变化情况一般由经过隧道、地下轨道等原因引起。为了验证 PID 算法对亮度智能控制的可靠性,分别对上述两种亮度变化情况的控制输出进行仿真分析。

轨道车辆车厢外部环境有时会遇到亮度突然变换的情况,如经过隧道、地下轨道等,采用先进的定位技术或信号技术,是可以预知的,因此在发生突变之前就可以预先做出响应。如图 4-12 所示为对轨道车辆经过隧道情况的仿真结果。在进入隧道之前 10 秒,系统开始响应,使车厢内 LED 灯亮度逐渐增强,在车辆到达隧道入口时刻正好达到亮度

的最大值。在车辆离开出口时刻调整 LED 灯的亮度逐渐变暗直到亮度为零。LED 灯的发光强度与电流大小有关,因此在仿真过程中需要检测电流的大小。

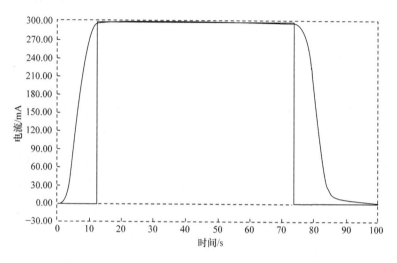

图 4-12　模拟过隧道仿真曲线

在外部亮度缓慢变化的情况下,因亮度传感器可以准确地获得车厢外部环境的亮度值,因此可以使 LED 灯亮度跟随车厢外部环境的变化而变化。在傍晚天空逐渐变黑的过程中,为了维持车厢内的亮度且达到节能的目的,就要使 LED 灯逐渐变亮。如图 4-13 所示为模拟傍晚

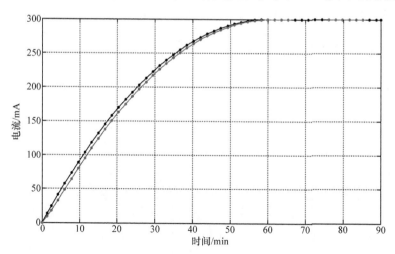

图 4-13　模拟傍晚仿真曲线

天空逐渐暗过程中,LED 灯电流的仿真曲线图。图中上边一条曲线是系统根据亮度变化过程应该输出的电流值,下边一条曲线是仿真中得到的系统输出电流曲线。可以看出,系统输出电流变化情况基本与实际要求情况一致,能够达到亮度智能调节要求。

4.10　本章小结

本章对轨道车辆车厢 LED 照明控制方式进行研究,分析集中式控制方式和分散式控制方式各自的特点,通过对比两种方式的优缺点,选择集中式控制方式。分析 RS232、RS485 和 CAN 总线三种通信方式各自的技术参数,结合轨道车辆车厢 LED 照明的控制要求,选用 CAN 总线为本章轨道车辆车厢 LED 照明控制系统的通信方式。根据车厢 LED 照明调光要求,设计 CAN 总线接口电路,包括基于 SJA1000 设计接口的控制电路部分,基于 82C250 设计接口的收发电路部分。分析影响车厢亮度的因素,所有因素可以归结为车厢外部亮度,由此确定对外部亮度进行采集的控制方案。针对单一传感器测量亮度不准确的问题,系统采用多传感器进行亮度的采集。多传感器测量会出现个别传感器与实际值偏差较大的现象,采用基于 Bayes 估计的数据融合控制算法进行数据融合。利用 PID 算法对 PWM 占空比进行控制,从而控制驱动电源的输出电流,使 LED 的发光达到预定值。利用 MATLAB 对控制算法进行仿真,结果表明该方法能够实现对 LED 照明亮度的智能控制。

第 5 章　轨道车辆车厢 LED 照明系统故障诊断与预报

　　故障诊断和预报技术是提高轨道车辆车厢 LED 照明系统可靠性的有效手段,在系统出现故障时,故障诊断技术可对系统进行故障检测与隔离。在系统发生故障前,故障预报技术能够预判故障发生的可能性,使工作人员在最短的时间内采取有效措施防止故障的发生,避免不必要的损失,对提高轨道车辆车厢 LED 照明系统的可靠性,保证列车安全运行起到了积极作用。本章在分析轨道车辆车厢 LED 照明系统故障机理的基础上,研究轨道车辆车厢 LED 照明系统的故障诊断与预报方法。

5.1　轨道车辆车厢 LED 照明系统故障机理分析

　　轨道车辆车厢 LED 照明系统是一种复杂的电气控制系统,主要包括 LED 控制电路模块、LED 驱动电源模块、LED 灯板模块和亮度传感器采集模块[28],如图 5-1 所示。整个照明系统的电路复杂、电子元器件多,在实际应用中,任何一部分电路或者任何一个元器件出现故障,都会导致轨道车辆车厢 LED 照明系统不能正常工作,同时有可能造成局部,甚至整车照明系统的瘫痪,影响正常行车安全[29]。轨道车辆车厢 LED 照明系统故障分类如图 5-2 所示。下面在分析轨道车辆车厢 LED 照明系统工作机理[30]的基础上,进而研究其可能出现的故障类型及原因,为故障诊断及预报研究做准备。

图 5-1　轨道车辆车厢 LED 照明系统

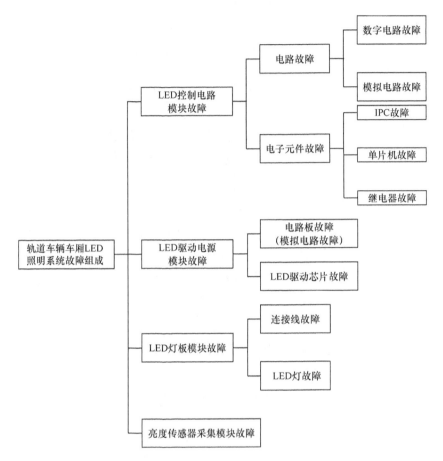

图 5-2 轨道车辆车厢 LED 照明系统故障分类图

5.1.1 LED 控制电路模块故障机理分析

本书研究的轨道车辆车厢 LED 照明系统采用 CAN 总线这种集中控制的方法,将亮度传感器采集的外界环境亮度值传送给上位机实现对车厢亮度进行调节。

LED 控制电路模块是整个轨道车辆车厢 LED 照明系统的控制核心,与外围电路相接,以工业计算机为控制核心,CAN 总线通信,与 LED 驱动电源模块相接。在 LED 控制电路模块中,除了 IPC、CAN 总线,还包含很多电子元器件,如单片机、继电器,以及控制电路的重要载体电路板等。本节对 LED 控制电路模块进行深入分析,从各组成单元进行故障机理分析。

1. IPC 故障机理分析

IPC 是整个轨道车辆车厢 LED 照明系统的核心,支配着每个单元及模块的活动。如果 IPC 出现故障,那么整个轨道车辆车厢 LED 照明系统将不能正常工作。一般情况下,轨道车辆车厢 LED 照明系统的 IPC 故障主要包括连接故障、供电故障、硬件故障和软件故障。在轨道车辆运行中,强振动会对 IPC 的连接造成隐患。故障原因主要包括插接线问题、连接线故障和外接设备故障。供电故障是指供给 IPC 需求的外围电源,这是轨道车辆供电问题,这里不讨论。硬件故障主要是指 IPC 的硬件出现问题,如 CPU、RAM 等硬件出现问题,使 IPC 不能正常工作。软件故障主要是指控制轨道车辆车厢 LED 照明系统的软件出现异常。一般对 IPC 的故障排除步骤为先检查连接,再检查各个供电电源和其他硬件情况,最后排查软件故障。

2. 电路板故障机理分析

电路板是控制电路的载体,是电路的重要组成部分。电路板主要由模拟电路和数字电路组成。一般的数字电路只有 0 和 1 两种状态。由于数字电路状态少,因此其受噪声、振动等影响较小。工作机理主要是逻辑运算,没有连续的数学函数,测试相对准确,故障机理相对简单。模拟电路故障的原因比较复杂,既有元器件在设计制造过程中的缺陷造成的,也有使用时间较长导致的元器件老化,或者使用环境恶劣等原因引起的。同时,元器件的种类和参数多等原因,导致模拟电路故障现象具有多样性、离散性和非线性。

模拟电路的故障可以分为由硬件原因(如开路、短路等)导致的电路功能不能实现的硬故障和元器件参数由于某些原因产生漂移,并且超过预定容差范围的软故障。硬故障一般不具缓变性。在轨道车辆车厢 LED 照明系统中,更多出现的是模拟电路的软故障。软故障对系统造成的破坏是渐变的,难以识别。在轨道车辆车厢 LED 照明系统中,控制电路所处环境特殊,如噪声大、振动强、环境恶劣等,更容易使元器件发生漂移,出现缓变故障。

3. 单片机故障机理分析

单片机是轨道车辆车厢 LED 照明系统的微型控制器,在很多环节起到控制核心的作用。例如,亮度传感器采集到的数据就需要传给单片机处理。在轨道车辆运行中,高温、低温、振动等都会对单片机的正常工作造成威胁。环境温度过高或装置散热不良均会造成单片机的加速老化或损坏,产生间断性数据错误等。环境温度过低可能会造成单片机芯片与引脚连线断裂等。单片机的一般故障诊断步骤如图 5-3 所示。

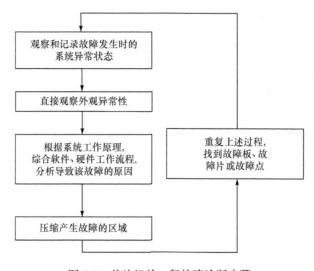

图 5-3　单片机的一般故障诊断步骤

4. 继电器故障机理分析

继电器作为具有隔离功能的自动开关元件,在轨道车辆车厢 LED 照明系统中也担负着重要的工作责任。继电器属于电磁系统,其故障主要集中在线圈及动、静铁芯部分。由于轨道车辆的特殊性,高温、环境粉尘、油污、噪声、异物进入等都会造成继电器的工作异常。综合上述分析,可以对整个 LED 控制电路模块的故障进行概括,如图 5-4 所示。

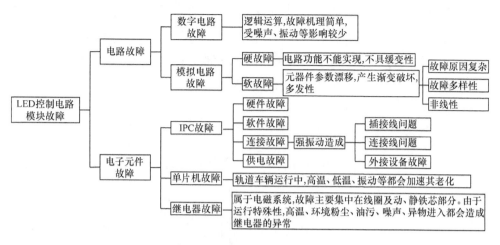

图 5-4 LED 控制电路模块故障

5.1.2 LED 驱动电源模块故障机理分析

LED 驱动电源模块的作用是将 220VAC 转变为可供 LED 灯正常工作的直流电。为了避免电磁等对电信号的干扰和过电压对元器件的损害,LED 驱动电源电路还设计有 EMC 滤波电路和 NTC 抗浪涌保护电路,确保电信号在传输过程中的安全与稳定。

LED 驱动芯片是电源模块的重要组成部分。芯片过热是导致芯片发生故障的主要原因,也是现阶段制约 LED 发展的最主要的问题。芯片内部器件短路,导致芯片供电电流增大。芯片外部供电电压升高,导致芯片供电电压电流同时增大;散热不好且长时间、大负荷工作,导致芯片发烫;芯片输出端口负载变重(负载阻抗变小),导致芯片输出功率增加;芯片输出端口短路,导致芯片输出功率骤增;芯片内部部分器件参数变化(如器件参数时间漂移)或内部部分器件损坏,引起芯片工作状态改变而导致工作异常。芯片外部部分器件参数变化(如器件参数时间漂移)或外部部分器件损坏,引起芯片工作状态改变而导致工作异常。芯片工作时,自激引起内部信号振荡直接导致芯片输出异常。芯片工作时,由各种原因引起内部数字脉冲信号占空比改变,直接导致芯片输出异常。电源上的干扰脉冲或干扰波耦合进入芯片信号回路导致芯片处理信号异常。芯片外部关联器件及线路接法错误、短路、损坏等导致芯片异常工作。芯片供电回路滤波故障,导致交流纹波过大并进入芯片供电回路。交流供电电压过高,引起芯片供电电压增高。无线电波及电磁干扰引起的某些特殊芯片内部工作紊乱等都是造成芯片过热的原因。LED 驱动电源模块故障如图 5-5 所示。

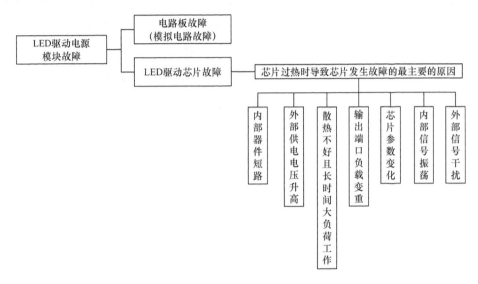

图 5-5 LED 驱动电源模块故障

5.1.3 LED 灯板模块故障机理分析

LED 灯板模块是整个轨道车辆车厢 LED 照明系统的最末端,也是整个系统的核心部件,是所有控制部件的服务对象。若 LED 灯板出现故障,会使照明系统其他环节都失去作用。LED 灯板的故障主要包括连接线路故障和 LED 灯源故障。连接线路故障主要是线路断路,其原因主要有电线老化、环境因素等。传统的检测方式是利用万用表、示波器等进行手工测试。LED 灯源故障包括电源、驱动故障、LED 灯故障。本节主要对 LED 灯故障进行机理分析。造成 LED 灯故障的原因主要由超强电流、高电压(如闪电、电路通断的瞬时噪声、供电电压不稳定等)和静电放电产生。静电放电损坏是 LED 照明中频繁发生的一种故障。LED 灯板模块故障如图 5-6 所示。

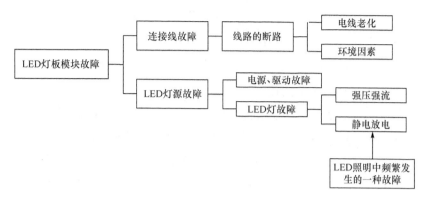

图 5-6 LED 灯板模块故障

5.1.4 亮度传感器采集模块故障机理分析

传感器是构成测量与控制系统不可或缺的核心组成部分,同时也是完成信号采集的主要工具。轨道车辆车厢 LED 照明系统选用的亮度传感器核心部件为光电二极管。光电二极管在无光照时,电阻无穷大,有光照时,电阻立刻变小,利用这个特性可以检测有无光照及光照大小。

当外界光线变弱时,亮度传感器电阻增大,控制系统接收到信号后通过调节 LED 照明亮度来提高车厢内部光照强度,保证乘客的舒适性和安全性。当外界光线变强时,亮度传感器电阻减小,控制系统收到信号后通过调节 LED 照明亮度来降低车厢内部光照强度。当外界光线发生不规律变化(如天气变化、车辆经过隧道等)时,亮度传感器同样会做出迅速响应,避免由外界环境的突然变化造成乘客恐慌。由此可知,外部环境是影响亮度传感器正常工作的重要因素。

传感器是相对可靠的电子元器件,但是在轨道车辆这种特殊的应用环境中,会有相对于其他使用环境较多的失效形式。一般情况下亮度传感器的失效模式包括暗电流超差、开路故障、输入输出间绝缘电阻小、光发射管反向电流大和光电传输特性失效。这些故障大部分都是由器件本身的性能缺陷造成的。除了这些故障形式,在轨道车辆车厢 LED 照明系统中,列车运行时天气、振动、沙尘等因素会造成对传感器的粉尘污染、腐蚀、高温、震裂等故障,使传感器不能正常工作,采集的环境亮度不准确,从而影响车厢亮度调节。传感器污染、腐蚀、振裂等均会对器件造成损伤,使其不能正常工作。在亮度传感器中,良好的散热是保障其正常工作的重要因素。在轨道车辆运行中,环境恶劣或者自身性能的衰退会造成亮度传感器芯片温度的升高。亮度传感器温度的升高对采集的精度有很大的影响。温度的升高会影响亮度传感器的光通量,从而造成传感器采集数据失真。研究表明,温度每升高 10℃,光通量减小 0.55lm。亮度传感器采集模块故障如图 5-7 所示。

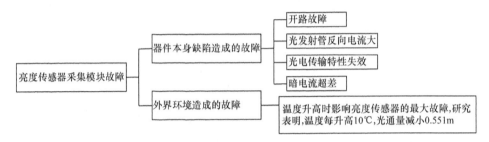

图 5-7　亮度传感器采集模块故障

5.2　基于置信规则库的系统故障诊断研究

轨道车辆车厢 LED 照明系统相较于其他电气系统有以下几个特点:由多个相同或不同层次的子系统组成,各子系统之间通过耦合构成结构复杂的有机整体,整体行为不能通过独立分析其各部分的行为来确定。在工程实际中,大部分复杂电气系统都具有非线性特征,很难获得其解析模型。复杂电气系统故障过程往往会对系统中的几个状态或参数同时产生影响。基于上述特点,对轨道车辆 LED 照明系统进行故障预报要求选取多个特征变量来反映系统的运行情况;充分利用在轨道车辆 LED 照明系统使用中获得的定量测试数据和由专家经验知识,以及机理分析得到的定性信息对整个系统进行综合故障诊断与预报。

大部分故障诊断与预报方法需要庞大的解析模型,而且没有利用系统内部结构和机理的信息,对结果的分析和解释比较困难。专家系统和时间逻辑序列这类方法在面对复杂系统时,容易出现组合爆炸和预报精度低等不足。混合方法可以有效地发挥各种单一方法的优点,但是现有的方法大多是将两种基于定量信息的方法进行融合,对于定性知识应用不多,这就造成不能全面利用各种类型的知识来提高故障诊断与预报的准确性。置信规则库(belief rule base,BRB)[31,32]是一种可以进行自学习的专家系统,可以有效利用定量、半定量、定性等各种类型的信息,建立输入和输出之间的非线性模型。基于对轨道车辆 LED 照明系统的全面分析,本书选择置信规则库理论对其进行故障诊断与预报的研究工作。

在轨道车辆车厢 LED 照明系统故障机理分析的基础上,结合系统模型,本章对轨道车辆车厢 LED 照明系统进行故障诊断与预报研究。故障特征提取是进行故障诊断与预报的前提,下面首先采用小波包能量熵对模拟电路进行故障特征提取,然后基于置信规则库方法进行故障诊断研究。

5.2.1　故障特征提取方法研究

在电路故障诊断部分,由于输入特征量不明显,因此要对其进行故障特征提取。故障特征提取是进行故障诊断与预报研究的前提与基础,故障特征提取的准确与否直接关系到轨道车辆车厢 LED 照明系统故障诊断和预报的准确性。信号处理方法是提取故障特征的常用方法,主成分分析法、数学形态学方法、集成经验模态分解法等方法现在被广泛应用。在充分研究理论方法与系统模型的基础上,本书选用故障分类正确率较高的小波包能量熵方法进行故障特征提取。

1. 小波包能量熵

1988 年,Mallat 首次提出多分辨率下小波分析(wavelet analysis)概念,给出构造正交小波的通常方法,并提出快速分解和重构小波的 Mallat 算法。

小波变换[33]的定义为

$$W(a,b;x,\psi) = |a|^{-\frac{1}{2}} \int_{-\infty}^{\infty} x(t)\psi * \left(\frac{t-b}{a}\right) \mathrm{d}t \qquad (5\text{-}1)$$

其中,$\psi * (\ )$为基本小波;a 为尺度参数,影响信号的时间分辨率和频率

分辨率;b 为平移参数;$|W(a,b;x,\phi)|^2$ 为连续小波。

　　小波变换是一种可调时频窗分析法,通过对高低频信号采取不同宽度的时间尺度窗,可以提取信号的局部细节,广泛应用于非平稳信号的处理。但是,小波变换基函数的长度限制会引起能量泄露,导致信号的时频信息很难量化;小波变换的二进制尺度变化,使其在高频频段频率分辨率较差,低频频段时间分辨率较差。同时,小波变换还有不自适应性等缺陷[34]。

　　与小波分析相比,小波包分析可以对信号采取相同的带宽同时进行高低频分解。与此同时,小波包分析分解出的信号都是有较高的时频分辨率。相比多分辨率,小波包分析在故障特征提取方面更有优势,比小波分析的细节分析能力更强。

　　小波包的分解和重构可通过下式实现,即

$$\begin{cases} d_l^{j+1,2n} = \sum_k a_{k-2l} d_k^{j,n} \\ d_l^{j+1,2n+1} = \sum_k b_{k-2l} d_k^{j,n} \end{cases} \qquad (5\text{-}2)$$

$$d_l^{j,n} = \sum_k (h_{l-2k} d_k^{j+1,2n} + g_{l-2k} d_k^{j+1,2n+1}) \qquad (5\text{-}3)$$

其中,d_l 为待分解信号;a_k 和 b_k 为小波分解正交共轭滤波器系数;$d_l^{j+1,0}$ 为尺度函数;$d_l^{j+1,1}$ 为小波函数;h_k 和 g_k 为小波重构正交共轭滤波器系数。

　　当轨道车辆车厢 LED 照明系统的控制模块模拟电路出现故障时,模拟电路输出响应在有些频率段的信号能量熵变大,而另一些频率段的能量熵减小。这样每个频率段的信号能量熵分布变化就表征不同的模拟电路故障类型,而不需要具体了解电路的模型结构。因此,为了提取不同故障类型的故障特征,就需要先求出分解的不同子频率段信号的能量熵。

　　根据 Shannon 信息熵理论,小波包能量熵的求解步骤如下。

　　求取小波包分解和重构后信号的功率 E_{ij}。设分解后第 i 层第 j 个频段的重构信号 S_{ij} 对应的小波包功率为 E_{ij},则有

$$E_{ij} = \int |S_{ij}(t)|^2 \mathrm{d}t \sum_{m-1}^N |x_{jm}|^2 \qquad (5\text{-}4)$$

其中, N 为信号长度; i 为小波包分解层数; $0,1,\cdots,2^i-1$ 为分界频段的依次顺序; m 为第 i 层的第 j 个频段的离散点; x_{jm} 为经过重构后信号 S_{ij} 离散点的幅值。

求出所有频段小波包功率总和构成信号的功率 E_k, 即

$$E_k = \sum_{j=0}^{p} E_{ij} \tag{5-5}$$

令

$$\varepsilon_{ij} = \sum_{i=0,j=0}^{i=N,j=2^i-1} \left[\frac{E_{ij}}{E} \right] \tag{5-6}$$

根据信息熵的基本理论, 小波包能量熵定义为

$$H_{ij} = -\sum_{k=t}^{N} \varepsilon_{ij}(k) \log_a \varepsilon_{ij}(k) \tag{5-7}$$

其中, H_{ij} 为小波包分界的第 i 层第 j 个结点的小波包能量熵, 若进行 i 层小波包分解, 可得小波包能量熵组成的特征向量 T, 即

$$T = [H_{i,0}, H_{i,1}, \cdots, H_{i,2^i-1}] \tag{5-8}$$

式中, T 为故障特征向量。

为了减少不同故障模式下频带能量相差太大带来的误差, 进行归一化处理, 定义 H 为总的小波包能量熵, 可得

$$H = \left(\sum_{j=0}^{j=2^i-1} |H_{ij}|^2 \right)^{\frac{1}{2}} \tag{5-9}$$

经过归一化处理后的故障特征向量为

$$T' = \left[\frac{H_{i,0}}{H}, \frac{H_{i,1}}{H}, \cdots, \frac{H_{i,2^i-1}}{H} \right] \tag{5-10}$$

经过归一化处理后的故障特征向量可以输入到支持向量机中进行样本训练和分类测试, 但是小波包分解的层次 i 需要人为选择和优化。

2. 基于小波包能量熵的模拟电路故障特征提取

本书以轨道车辆车厢 LED 照明系统驱动电源模块中桥式整流滤波电路的软故障为例进行故障诊断实例分析。该电路的作用是将输入的 220V 工频交流电转换成一定的直流电再进行降压变换, 达到全波整流。

在进行仿真实验时,对电路施加 220V 正弦激励信号。故障模式不同,输出电压的响应曲线就会不同。桥式整流滤波电路实验采集图如图 5-8 所示。桥式整流滤波电路正常情况下的输出波形如图 5-9 所示,导入 MATLAB 得到的正常模式输出信号波形如图 5-10 所示。

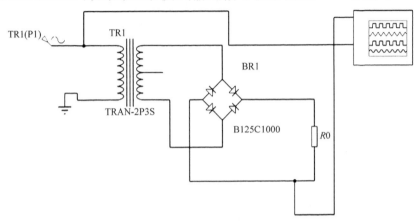

图 5-8　桥式整流滤波电路实验采集图

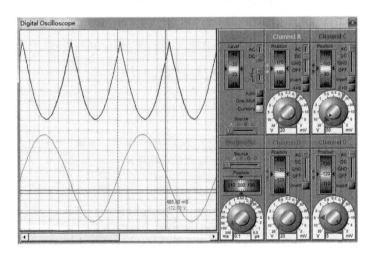

图 5-9　整流滤波电路正常情况下输出波形

在图 5-8 桥式整流滤波电路中,依据灵敏度测试,可以诊断的电子元器件为 $R0$,标称值为 500Ω,标准容差电阻为 $\pm5\%$。

当诊断的电子元器件在容差范围内变化时,电路正常。由于电路出现故障时,多故障可以分解为单故障进行判断,因此只诊断电路的单故障。当 $R0$ 出现故障时,整流滤波电路的单故障为 $D_1(R0+)$、$D_2(R0-)$。

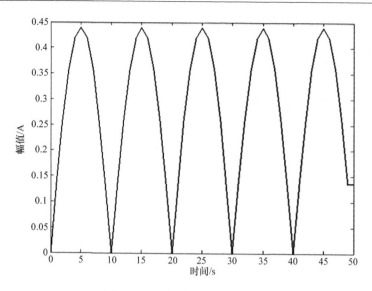

图 5-10　正常模式输出信号波形

其中,"＋"表示增高电子元器件标称值的 50％以上,"－"表示降低电子元器件标称值的 50％以上。用 D_0 表示电路的正常状态,则共有三种故障模式。R0 具体故障形式如表 5-1 所示。

表 5-1　**R0 故障类型表**

故障序列	故障类型	标称值/Ω	故障值/Ω
D_0	无	500	无
D_1	R0＋	500	[525,750]
D_2	R0－	500	[250,475]

3. 故障特征提取

为了模拟轨道车辆强振动、强噪声的恶劣工况环境,对不同故障模式输出的信号叠加尖峰脉冲和高斯白噪声。叠加方法如式(5-11)所示,即

$$V(j)=V(i)+\text{rand}(i)+\delta(i) \tag{5-11}$$

其中,$V(i)$ 为原始输出信号;rand(i) 为叠加的方差为 0.12 的高斯白噪声;$\delta(i)$ 为随机叠加的幅值为 1V 的尖峰脉冲噪声。

然后利用小波包能量熵方法来提取不同故障模式下桥式整流滤波电路的故障特征。

以电路正常状态 D_0 为例,信号的叠加过程如图 5-11～图 5-13 所示。基于小波包能量熵的故障特征提取步骤如图 5-14 所示。

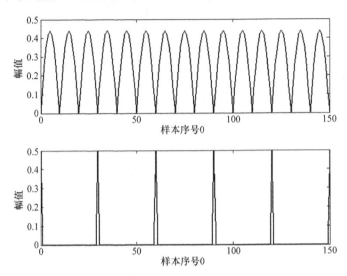

图 5-11　正常模式的原始信号及尖峰脉冲

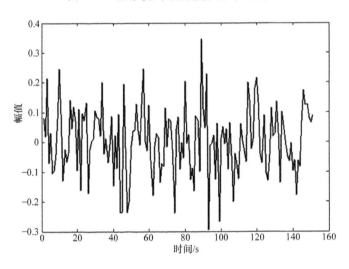

图 5-12　高斯白噪声信号

对桥式整流滤波电路的故障特征提取具体步骤如下。

第 1 步,采集每种故障状态下的输出。

第 2 步,对桥式整流滤波电路输出响应进行 3 层小波包分解(图 5-15),提取各个频带的信号特征。

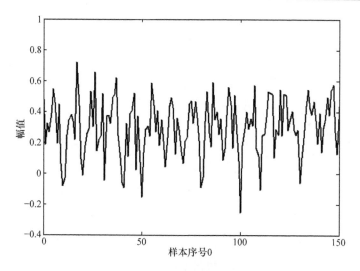

图 5-13　正常模式下的叠加信号

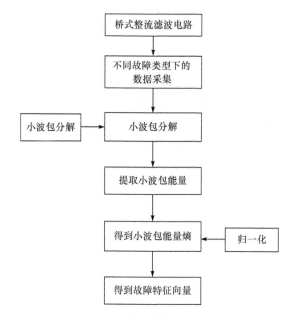

图 5-14　故障特征提取步骤

第 3 步,对分解后的小波信号进行重构,提取信号能量(E_{30}～E_{37})。

第 4 步,对各个信号能量进行归一化处理,信号总功率 E 为各点功率之和,即

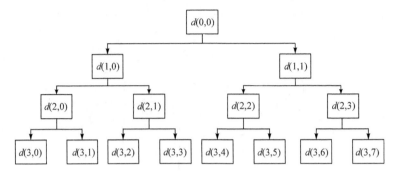

图 5-15　3 层小波包分解图

$$E = \left(\sum_{i=0}^{7} |E_{3i}|^2 \right)^{\frac{1}{2}} \tag{5-12}$$

第 5 步,获取信号小波包能量熵。

令

$$\varepsilon_{ij} = \left[\frac{E_{30}}{E}, \frac{E_{31}}{E}, \cdots, \frac{E_{37}}{E} \right] \tag{5-13}$$

则小波包能量熵为

$$H_{3j} = - \sum_{k=1}^{8} \varepsilon_{3j}(k) \log_a \varepsilon_{3j}(k) \tag{5-14}$$

其中,H_{3j} 为小波包分解的第 3 层第 j 个结点的小波包能量熵。

第 6 步,由前 5 步可得故障特征向量,即

$$A = [H_{30}, H_{31}, \cdots, H_{37}] \tag{5-15}$$

综上,可得归一化后的桥式整流滤波电路故障特征向量为

$$A' = \left[\frac{H_{30}}{H}, \frac{H_{31}}{H}, \cdots, \frac{H_{37}}{H} \right] \tag{5-16}$$

即

$$A' = [H'_{30}, H'_{31}, \cdots, H'_{37}] \tag{5-17}$$

对电路正常状态下的 D_0 信号进行三层小波分解,求取电路正常状态下的节点能量熵。小波分解过程如图 5-16～图 5-18 所示。正常模式下小波包节点能量熵如表 5-2 所示。

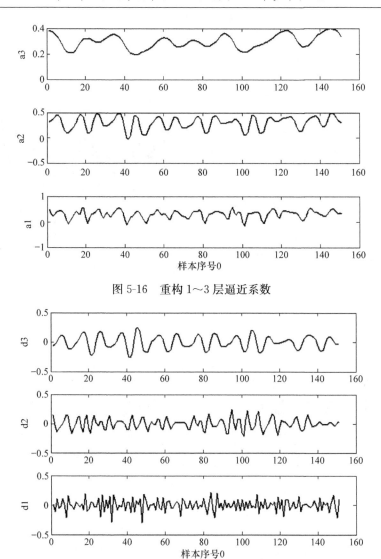

图 5-16　重构 1~3 层逼近系数

图 5-17　重构 1~3 层细节系数

表 5-2　正常模式下小波包节点能量熵

故障模式	H'_{30}	H'_{31}	H'_{32}	H'_{33}	H'_{34}	H'_{35}	H'_{36}	H'_{37}
D_0	0.3775	0.1496	0.0654	0.0956	0.0504	0.0601	0.0450	0.0772

不同故障模式下小波包能量熵,如表 5-3 所示。

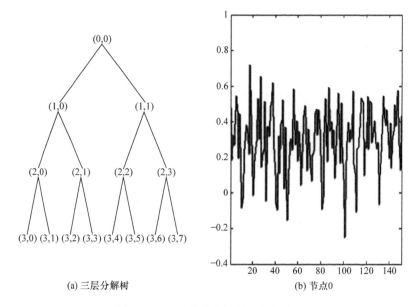

(a) 三层分解树   (b) 节点0

图 5-18 三层小波分解树及节点波形

表 5-3 不同故障模式下小波包能量熵

故障模式	H'_{30}	H'_{31}	H'_{32}	H'_{33}	H'_{34}	H'_{35}	H'_{36}	H'_{37}
D_0	0.3775	0.1496	0.0654	0.0956	0.0504	0.0601	0.0450	0.0772
D_1	0.3513	0.1162	0.1200	0.1108	0.0555	0.0668	0.0890	0.0904
D_2	0.5200	0.1737	0.0625	0.0971	0.0298	0.0357	0.0365	0.0447

5.2.2 置信规则库理论

1. 置信规则库专家系统

置信规则库专家系统是在基于 IF-TEHN 规则的专家系统上发展起来的。与简单的 IF-THEN 规则相比,置信规则就是对其结果赋予一个概率值,即置信度。不但如此,对于 IF-THEN 规则的参数部分也添加了概率值,即权重。这样就得到置信规则,将众多置信规则排列到一起即可构成置信规则库。置信规则库的任意一条规则可表达为

$$R_k : \text{If } A_1^k \bigwedge A_2^k \bigwedge \cdots \bigwedge A_{M_k}^k ,$$
$$\text{Then} \{ (D_1, \beta_{1,k}), \cdots, (D_N, \beta_{N,k}) \} ,$$

With a rule weight θ_k and attribute weight $\delta_{1,k}, \delta_{2,k}, \cdots, \delta_{M_k,k}$

$$\tag{5-18}$$

其中，$A_i^k (i=1,2,\cdots,M_k, k=1,2,\cdots,L)$ 为 M_k 个前提属性中第 i 个前提属性在第 k 条置信规则库规则中的参考值，L 为规则的数目；$A_i^k \in A_i$，且 $A_i = \{A_{i,j}, j=1,2,\cdots,J_m\}$ 表示由第 i 个前提属性的 J_i 个参考值所组成的集合；$\beta_{j,k} (j=1,2,\cdots,N, k=1,2,\cdots,L)$ 表示第 j 个评价结果 D_j 在第 k 条置信规则库中相对于 Then 部分的置信度，当 $\sum_{j=1}^{N} \beta_{j,k} \neq 1$ 时，称第 k 条规则是不完整的，当 $\sum_{j=1}^{N} \beta_{j,k} = 1$ 时，称第 k 条规则是完整的；$\theta_k (k=1,2,\cdots,L)$ 可以理解为通过第 k 条规则相对于置信规则库中其他规则的权重来映射其重要度；$\delta_{i,k} (i=1,2,\cdots,M_k, k=1,2,\cdots,L)$ 描述第 i 个前提属性在第 k 条规则中相对于其他前提属性的规则权重。

如果共有 M 个前提属性，那么可以得到 $\delta_i = \delta_{i,k}$，$\bar{\delta}_i = \dfrac{\delta_i}{\max\limits_{i=1,2,\cdots,M} \{\delta_i\}}$，$i=1,2,\cdots,M, k=1,2,\cdots,L$。

以上就是置信规则库的具体表达及参数的含义，其本质上与 IF-THEN 一样，是一种专家系统，一般称为置信规则库专家系统。相比其他专家系统，它具有识别信息类型多、模型建立简便的优点，特别是对于一些具有非线性特征的复杂模型，置信规则库专家系统更有优势。总之，置信规则库专家系统是一种输入信息更多元、知识表达更贴近工程的知识表达方法。

2. 基于证据推理算法的置信规则库推理方法

基于证据推理算法的置信规则库推理方法（belief rule-base inference methodology using the evidential reasoning approach, RIMER）是 Yang 等针对传统方法在解决不确定性问题时只局限于解决某种特定的不确定性提出的一种决策方法[31]。在工程实际中，由于该方法可以解决各种不确定性问题，加上 Yang 等开发了基于 Windows 操作系统的图形化智能决策系统，因此得到广泛的应用。该方法主要包括知识的推理和知识的表达。前者可通过证据理论（evidential reasoning, ER）

算法来表征,后者可通过置信规则库算法来表征。

　　RIMER 的基本思想如图 5-19 所示,可以通过以下步骤实现置信规则库系统的推理。

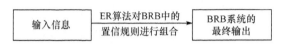

图 5-19　RIMER 的基本思想

　　(1) 计算置信规则的激活权重

　　如果假设 x_i 为第 i 个输入信息,则其在第 k 条规则中的激活权重可以表示为

$$\omega_k = \frac{\theta_k \prod\limits_{i=1}^{M} (\alpha_i^k)^{\bar{\delta}_i}}{\sum\limits_{l=1}^{L} \theta_l \prod\limits_{i=1}^{M} (\alpha_i^l)^{\bar{\delta}_i}} \tag{5-19}$$

其中,$\omega_k \in [0,1]$,$k=1,2,\cdots,L$;α_i^k,$i=1,2,\cdots,M$ 为置信度,可以描述为第 i 个 x_i 输入信息在第 k 条规则中相对于参考值 A_i^k 的置信规则库的输入形式。

　　令 $\alpha_{i,j}$ 为基于规则或效用的输入信息相对第 j 条规则的第 i 个前提属性的匹配度,即

$$\alpha_{ij}(x_i^*) = \begin{cases} \dfrac{x_{i(k+1)} - x_i^*}{x_{i(k+1)} - x_{ik}}, & j=k, x_{ik} \leqslant x_i \leqslant x_{i(k+1)} \\[2mm] \dfrac{x_i^* - x_{ik}}{x_{i(k+1)} - x_{ik}}, & j=k+1 \\[2mm] 0, & j=1,2,\cdots,|x_i|, j \neq k, k+1 \end{cases} \tag{5-20}$$

　　(2) ER 算法

　　置信规则库的最终输出 $S(x)$ 可以通过 ER 算法对所有的规则进行组合来实现,即

$$S(x) = \{(D_j, \hat{\beta}_j)\}, \quad j=1,2,\cdots,N \tag{5-21}$$

其中,$\hat{\beta}_j$ 同样为 D_j 的置信度,且

$$\hat{\beta}_j = \frac{\mu \times \left[\prod_{k=1}^{L} \left(\omega_k \beta_{j,k} + 1 - \omega_k \sum_{i=1}^{N} \beta_{i,k} \right) - \prod_{k=1}^{L} \left(1 - \omega_k \sum_{i=1}^{N} \beta_{i,k} \right) \right]}{1 - \mu \times \left[\prod_{k=1}^{L} \left(1 - \omega_k \right) \right]}$$

$$(5-22)$$

$$\mu = \left[\sum_{j=1}^{N} \prod_{k=1}^{L} \left(\omega_k \beta_{j,k} + 1 - \omega_k \sum_{i=1}^{N} \beta_{j,k} \right) - (N-1) \prod_{k=1}^{L} \left(1 - \omega_k \sum_{i=1}^{N} \beta, k \right) \right]^{-1}$$

$$(5-23)$$

式中,ω_k 可利用式(5-19)激活权重公式求得;$\hat{\beta}_j$ 由置信度 $\beta_{j,k}(j=1,2,\cdots,N,k=1,2,\cdots,L)$、规则权重 $\theta_k(k=1,2,\cdots,L)$、前提属性权重 $\bar{\delta}_i(1,2,\cdots,M)$ 组成的函数描述。

综上所述,基于证据推理算法的置信规则库推理方法可以由图 5-20 来描述。

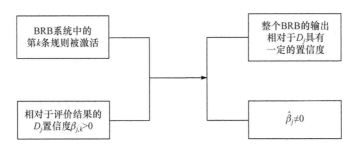

图 5-20　基于证据推理算法的置信规则库推理方法

5.2.3　桥式整流滤波电路故障诊断

依据置信规则库故障诊断的步骤,首先对电路的工作状态进行描述。

① 正常模式。在电路工作过程中,电子元器件在标准容差范围内变化,电路输出正常。

② 故障模式。电路工作过程中,电子元器件变化超出容差范围,电路输出异常。

本节以桥式整流电路的 D_1 故障为例,以提取的小波包能量熵为特征量,作为置信规则库的输入,对电路进行故障诊断。提取 R 变化的

200 组故障特征向量,将故障特征量(小波包能量熵 A')作为置信规则库的输入,故障类型 D 作为输出。为了构建置信规则库系统,首先选取输入和输出参考值。具体如下,对于 A',选取参考值 $A^k \in \{S,M,L\}$;对于故障类型 D,选取 $D=(D_2,D_0,D_1)=\{S,N,L\}$。

以上参考值均为语义值,需要对其进行量化,结果如表 5-4 和表 5-5 所示。

表 5-4   故障特征量 A' 的参考值

语义值	量化值
S	$A'=[0.4185,0.1265,0.0970,0.0974,0.0756,0.0690,0.0584,0.0576]$
M	$A'=[0.3775,0.1496,0.0654,0.0956,0.0504,0.0601,0.0450,0.0772]$
L	$A'=[0.3940,0.1347,0.0834,0.1006,0.0712,0.0632,0.0747,0.0782]$

表 5-5   故障类型 D 的参考值

语义值	量化值
S	2
N	0
L	1

根据以上参考值,可以构造桥式整流滤波电路电阻变化超差故障诊断置信规则库专家系统。第 k 条规则的描述为

R_k: If A' is A^k

Then D is $\{(S,\beta_{1,k}),(M,\beta_{2,k}),(L,\beta_{3,k})\}$

with a rule weight θ_k and attribute weight $\bar{\delta}_1,\bar{\delta}_2,\left(\sum_{i=1}^{3}\beta_{i,k}\leqslant 1\right)$

$$(5-24)$$

其中,A^k 的参考值如表 5-4 所示。

进一步,假设 θ_k 和 $\bar{\delta}_j$ 均为 1,这样就得到桥式整流滤波电路故障诊断模型初始置信规则库,$k=1,2,3$,见附录表 1。初始置信规则库如图 5-21 所示。由图 5-21 可知,由初始置信规则库产生的故障类型的估计值不能很好地拟合真实值。这表明,初始置信规则库是不准确的,

需要利用模拟电路故障时的相关数据对其进行更新。更新后的置信规则见附录表 2,仿真结果如图 5-22 所示。仿真结果表明,更新后的置信规则库产生的故障强弱的估计值能够很好地拟合真实值,因此用更新后的置信规则库可以实现故障的检测和故障程度的估计。

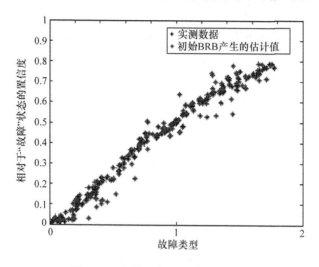

图 5-21　初始置信规则库仿真结果

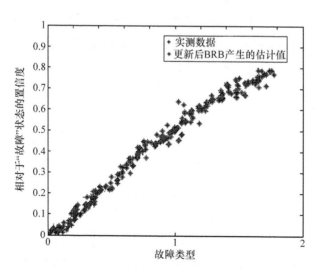

图 5-22　更新后的置信规则库仿真结果

5.3　基于置信规则库的系统故障预报研究

5.3.1　基于置信规则库的故障预报

基于置信规则库理论,Zhou 等提出如图 5-23 所示的置信规则库故障预报模型[35]。

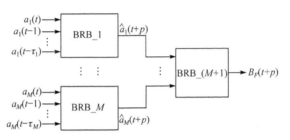

图 5-23　基于置信规则库的故障预报模型结构示意图

在图 5-23 中,前 M 个置信规则库,即 BRB_1,BRB_2,…,BRB_M,用于建立特征变量的预测模型,其中 $\hat{a}_m(t+p)(m=1,2,\cdots,M)$ 表示特征变量 a_m 在 $(t+p)$ 时刻的估计值。第 $M+1$ 个置信规则库,即 BRB_$(M+1)$,用于综合确定系统的运行状态。最后,求取 $B_F(t+p)$,即系统相对于故障状态置信度的预测值。若其小于阈值 B_{th},则表明系统可以正常工作;反之,表明系统处于故障状态,需要对其进行维修等工作。其实质就是根据获取 t 时刻为止的有效信息 $a_m(t),a_m(t-1),\cdots,a_m(t-\tau_m)$ 计算 p 步后相对于故障状态的置信度 $B_F(t+p)$,进而判断系统未来的故障情况。其中,$p=1,2,\cdots,B_{th}$ 表示预先设定的阈值。

在上述预报过程中,BRB_m 构造方法如下。

$$R_{K_m}^m : \text{If } a_m(t-1) \text{ is } A_{1,m}^{K_m} \wedge \cdots \wedge a_m(t-\tau_m) \text{ is } A_{\tau_m,m}^{K_m}$$

$$\text{Then } a_m(t) \text{ is } \{(D_1^m,\beta_{1,K_m}^n),\cdots,(D_{N_m}^m,\beta_{N_m,K_m}^n)\}$$

$$\text{With a rule weight } \theta_{K_m}^n \text{ and attribute weight } \overline{\delta_1^m},\cdots,\overline{\delta_{\tau_m}^m}$$

$$\tag{5-25}$$

其中,$a_m(t-1),\cdots,a_m(t-\tau_m)$ 描述第 K_m 条规则的输入,即前提属性;$a_m(t)$ 描述第 K_m 条规则的输出,即评价结果;τ_m 表示延迟步数;$A_{i,m}^{K_m}$

$(K_m=1,2,\cdots,L_m,i=1,2,\cdots,\tau_m)$ 表示第 K_m 条规则中输入 $a_m(t-i)$ 的参考值，L_m 表示 BRB_m 中规则的数目；$A_{i,m}^{K_m} \in D^m$，$D^m = \{D_1^m, D_2^m, \cdots, D_{N_m}^m\}$ 是 BRB_m 前期属性的参考值集合，N_m 为 BRB_m 中参考值的数量；$\theta_{K_m}^m$ 为 BRB_m 中第 K_m 条规则的权重；$\bar{\delta}_1^m, \bar{\delta}_2^m, \cdots, \bar{\delta}_{\tau_m}^m$ 为 BRB_m 中第 K_m 条规则的所有前期属性的输入权重；β_{j,K_m}^m($j=1,2,\cdots$, $N_m, K_m=1,2,\cdots,L_m$) 表示相对于 D_j^m 的置信度。

令 $a_m(t-1) = [a_m(t-1), a_m(t-2), \cdots, a_m(t-\tau_m)]^{\mathrm{T}}$，可以将由 BRB_$m$ 建立的预报模型写成如下非线性映射，即

$$\hat{a}_m(t) = g_m(a_m(t-1)) = \{(D_j^m, \beta_j^m(t)), j=1,2,\cdots,N_m\} \quad (5\text{-}26)$$

BRB_$(M+1)$ 构造方法如下。

R_1 : If $a_1 \leqslant a_1^d \wedge \cdots \wedge a_M \leqslant a_M^d$, Then$\{(D_1, 0), (D_2, 1)\}$,

    with a rule weight θ_1 and attribute weight $\delta_{1,1}, \cdots, \delta_{M,1}$

$$\vdots$$

R_G : If $a_1 \in [a_1^{dn}, a_1^{un}] \wedge \cdots \wedge [a_M^{dn}, a_M^{un}]$, Then$\{(D_1, 0), (D_2, 0)\}$,

    with a rule weight θ_G and attribute weight $\delta_{1,G}, \cdots, \delta_{M,G}$

$$\vdots$$

R_{3^M} : If $a_1 \geqslant a_1^u \wedge \cdots \wedge a_M \geqslant a_M^u$, Then$\{(D_1, 0), (D_2, 1)\}$,

    with a rule weight θ_{3^M} and attribute weight $\delta_{1,3^M}, \cdots, \delta_{M,3^M}$

$$(5\text{-}27)$$

其中，$\bar{\delta}_1, \bar{\delta}_2, \cdots, \bar{\delta}_M$ 表示 M 个输入的权重；由于每个特征变量 a_m($m=1$, $2,\cdots,M$) 均有 3 个参考值，即 a_m^d、a_m^u 和 $[a_m^{dn}, a_m^{un}]$，因此在以上的置信规则库中，共有 3^M 条置信规则；$G=(3^M+2)/2$；θ_k($k=1,2,\cdots,3^M$) 表示第 k 条规则的规则权重；$D_1=N$ 和 $D_2=F$ 分别表示系统的正常和故障状态；在第 G 条规则中，相对于 D_1 和 D_2 的置信度分别为 0 和 1。

假设 $\theta_k=1$ 和 $\bar{\delta}_m=1$，其中 $k=1,2,\cdots,3^M$，$m=1,2,\cdots,M$，把 3^M 条置信规则组成的置信规则库系统记为 BRB_$(M+1)$。

在置信规则库专家系统中，包含规则权重、前提属性权重和置信度等参数。在工程实际中，以上这些系统参数都是由专家给定的。专家在充分了解系统先验信息和历史数据的基础上，凭借其对系统的认知和经验知识，给出这些参数值。

5.3.2　亮度传感器故障预报仿真分析

本节以亮度传感器为例,进行故障预报仿真分析。轨道车辆车厢 LED 照明系统亮度传感器输出为模拟量,即对应光亮强度的电压值。在恒定光照下,理论上输出的电压值应是固定不变的,但是由于传感器本身存在误差,在误差范围内的波动也属于正常现象,若出现较大的波动,则说明传感器出现故障。由故障机理分析可知,在恒光照强度下,亮度传感器芯片温度应该也恒定,或在允许的小范围升高,若出现温度大幅变化,则说明亮度传感器发生故障。

综上分析可知,在恒定光照下,亮度传感器的可靠性可由芯片温度和输出电压情况共同表征,即

$$y = h(a_1, a_2) \tag{5-28}$$

其中,h 表示非线性映射;a_1 表示特征量输出电压;a_2 表示特征量芯片温度。

由式(5-28),结合置信规则库预报模型,可以建立亮度传感器故障预报模型,如图 5-24 所示。

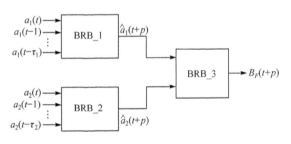

图 5-24　亮度传感器故障预报模型

图中,a_1 表示亮度传感器的电压输出值,a_2 表示亮度传感器芯片温度。这里选取 a_1 和 a_2 对亮度传感器进行故障预报。

在室内恒定光源亮度 250lx 下,采集亮度传感器从正常状态到发生温度升高故障状态的输出电压和芯片温度变化值。在采集时间内,截取亮度传感器正常到故障的 400 组数据,如图 5-25 和图 5-26 所示。

对于 BRB_1 和 BRB_2 的参考值,可以由其各自的特征量 a_1 和 a_2 的参考值得出。对于 a_1 和 a_2,其参考值和结果均可选取小(small,S)、

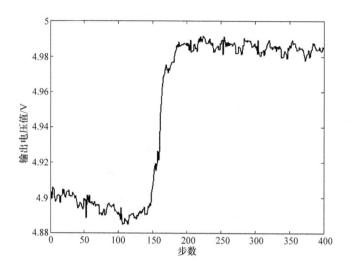

图 5-25 输出电压值采集数据

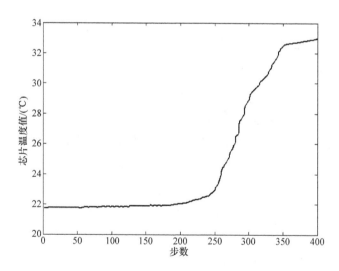

图 5-26 芯片温度采集数据

中(medium,M)、大(large,L),即

$$A_i^{k_1} \in \{\text{S,M,L}\}, \quad A_j^{k_2} \in \{\text{S,M,L}\}, \quad i=1,2; j=1,2$$
$$\{D_1^1, D_2^1, D_3^1\} \in \{\text{S,M,L}\}, \quad \{D_1^2, D_2^2, D_3^2\} \in \{\text{S,M,L}\}$$

输出电压和芯片温度的参考量化值如表 5-6 和表 5-7 所示。

表 5-6　　输出电压参考值

语义值	S	M	L
量化值	4.89	4.90	4.91

表 5-7　　芯片温度参考值

语义值	S	M	L
量化值	21	21.5	24

根据式(5-27)可以建立 a_1 和 a_2 的置信规则库模型,将专家根据历史信息和对亮度传感器工作模式的分析作为两个置信规则库中的初始置信度(附表 3 和表 4)。与此同时,假设 $\theta_{k_1}^1$、$\theta_{k_2}^2$、δ_{0,k_1}^1、δ_{1,k_1}^1、δ_{0,k_2}^2 和 δ_{1,k_2}^2 初始值均为 1,$k_1 = k_2 = 9$。将这些参量代入式(5-27)可以得到初始 BRB_1 和 BRB_2。

亮度传感器发生故障时,假设 a_1 和 a_2 的变化范围分别为[4.88,5]和[20,34]。由假设条件可知,$a_1^d = 4.88$,$a_1^u = 5$,$a_2^d = 20$,$a_2^u = 34$,同时假设两个特征量的正常工作范围分别为[4.88,4.92]和[21,24]。

假设 $\theta_k = 1$ 和 $\theta_{m,k} = 1$,其中 $m = 1, 2, \cdots, M$,$k = 1, 2, \cdots, 3^M$,由此可构造 BRB_3。BRB_3 中共有 9 条置信规则,其中置信度的取值如附表 5 所示。这里假设预报步数 $p = 6$,$B_{th} = 0.8$。

通过专家给定的初始置信度,结合初始预报模型,利用证据推理算法,即可得到输出电压和芯片温度的初始预报结果。图 5-27 和图 5-28 表明,由初始预报模型产生的输出电压和芯片温度的预报值无法很好地拟合仿真数据;a_1 和 a_2 的初始预报模型不能可靠地表达输出电压和芯片温度的数据走势。基于此,需要利用训练参数的优化模型对两个初始置信规则库模型的参数进行更新。BRB_1 和 BRB_2 更新后的参数如附表 6 和附表 7 所示。如图 5-27 和图 5-28 中更新后的预报模型能很好地拟合真实情况。

利用平均绝对误差(mean absolute error,MAE)来描述初始预报模型和更新后预报模型的误差。从表 5-8 可以看出,更新后的电压输出预报模型误差由 18.85 % 降至 1.49 %。从表 5-9 可以看出,更新后的芯片温度预报模型误差由 6.31 % 降至 5.03 %。

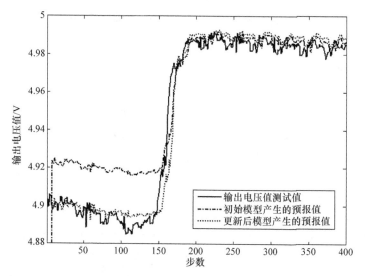

图 5-27 电压输出实验数据及初始和更新后预报模型产生的估计值

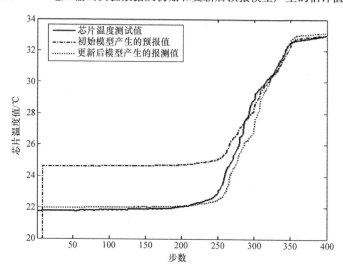

图 5-28 芯片温度实验数据及初始和更新后预报模型产生的估计值

表 5-8 电压输出初始预报模型和更新后预报模型的 MAE

模型	初始预报模型	更新后的预报模型
MAE%	18.85	1.49

表 5-9 芯片温度测量值与初始和更新模型产生的预报值之间的 MAE

模型	初始预报模型	更新后的预报模型
MAE%	6.31	5.03

如图 5-29 所示为亮度传感器的故障预报结果。可以看出,结果是相对于故障的一个概率值,通过预报值不但可以看出是否发生故障,还可以看出故障的缓变过程,结果更加直观。

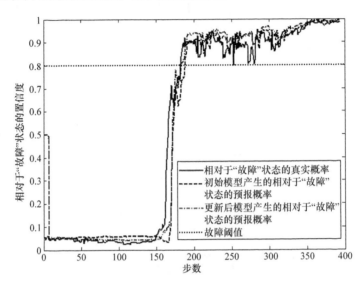

图 5-29　亮度传感器故障预报结果

5.4　本 章 小 结

为了提高轨道车辆车厢 LED 照明系统的可靠性。本章结合故障诊断与预报技术的研究成果,对轨道车辆车厢 LED 照明系统的故障诊断与预报开展相关研究工作。

轨道车辆运行环境复杂,对轨道车辆车厢 LED 照明系统的安全运行构成隐患。不但如此,轨道车辆车厢车辆 LED 照明系统复杂,是非线性系统,在故障诊断与预报研究中,很难建立其解析模型。本章在充分分析轨道车辆车厢 LED 照明系统的故障原因及类型的基础上,从方法入手,对轨道车辆车厢 LED 照明系统进行故障诊断与预报,主要工作如下。

① 对轨道车辆车厢 LED 照明系统进行深入分析,对 LED 控制电路模块、LED 驱动电源模块、LED 灯板模块和亮度传感器采集模块的

工作机理、常见故障类型及原因进行详细分析。

②在充分分析轨道车辆车厢 LED 照明系统工作机理与故障机理的基础上,基于特征建立了轨道车辆车厢 LED 照明系统的非线性模型。

③基于小波包能量熵对系统的模拟电路进行故障特征的提取,为故障诊断与预报的准确性提供保障。利用置信规则库理论对轨道车辆车厢 LED 照明系统进行故障诊断与预报研究,能够有效利用先验知识和表征故障的多个特征量的半定量信息,并利用其自适应性实现故障诊断与预报,可以满足工程实际要求。

第6章 轨道车辆车厢 LED 照明控制系统可靠性分析

轨道车辆车厢 LED 照明控制系统的结构和功能比较复杂,人们对其可靠性研究相对较少,通常设计人员凭借经验和少量的实验数据来评价系统的可靠性,这不利于轨道车辆车厢 LED 照明控制系统的发展,甚至存在安全隐患。不同于生产和安装均已标准化的传统照明控制系统,轨道车辆车厢 LED 照明控制系统缺少成熟的可靠性模型,寿命数据也不完备。因此,研究轨道车辆车厢 LED 照明控制系统的各个单元,以及单元和系统之间的关系,明确失效机理,建立并分析其可靠性模型具有深远意义。

6.1 LED 照明产品可靠性问题

6.1.1 LED 照明产品可靠性技术研究现状

轨道车辆的运行条件复杂多变、环境恶劣,在长时间的运行过程中,元器件自身的老化、工作环境恶劣等因素都使 LED 照明控制系统会逐渐产生各种故障。此外,照明控制系统组成单元多,每个单元的故障都可能引起整个照明控制系统的不正常运行。因此,提高 LED 照明控制系统的可靠性就显得非常重要。

可靠性是一门综合性学科,产品寿命是可靠性的主要研究对象,同时寿命也是反应可靠性的一个重要指标,不谈时间就无可靠性可言[36]。可靠性评估方法主要有基于经验模型的可靠性评估方法、基于数据手册方法和基于失效模式和失效机理的可靠性评估方法。基于经验模型的可靠性评估方法主要应用于电子设备,其过程是采用以往经验获得的公式或者数据实现对产品可靠性的预测和评估,可供选择的有美国军标、中国军标等。基于数据手册的可靠性评估方法即二元状态的可靠性评估方法,主要是以产品所在的周围环境条件和工作应力等作为查询条件来查询数据手册。通过数据手册便可得到产品的失效率,再将查得的失效率代入系统,最终实现对系统的可靠性评估。目前,基于失效模式和失效机理的方法已经引起国内外众多学者的研究兴趣,并对该方法进行了深入研究。不同于前两种方法,该方法将可靠性和失效机理结合,同时将系统的性能参数在实验过程中随着时间变化产生的微小改变考虑在内,从而保留大量有用信息,因此也称为基于性能退化的可靠性研究。基于性能退化的可靠性研究主要由故障诊断技术的研究和侧重于对剩余寿命预测方法的探索两部分内容组成[37]。剩余寿命预测是指系统或设备在当前状态下可继续正常工作的时间,目前已成为国内外的研究焦点[38]。

6.1.2　可靠性定义与度量

可靠性理论是以产品的寿命特征作为主要研究对象的综合性学科,涉及的领域非常广阔,包括基础科学、技术科学和管理科学等。所谓系统可靠性,其含义是系统在规定的条件下和规定的时间内完成规定功能的能力。

（1）可靠度

系统在规定条件下和规定时间内,完成规定功能的概率,被称为可靠度。因此,可表示为

$$R(t)=1-F(t)=P_r(\xi>t),\quad t>0 \tag{6-1}$$

其中,$R(t)$ 为可靠度;$F(t)$ 为累计故障分布函数;ξ 为产生故障前的工作时间;t 为规定时间。

可靠度还可以定义为

$$R(t)=1-\int_0^t f(v)\mathrm{d}v \tag{6-2}$$

其中,f 为概率密度函数。

可靠度函数如图 6-1 所示。

（2）可靠度函数与累计故障分布函数的性质

可靠度 $R(t)$ 与累计故障分布函数 $F(t)$ 和 $f(t)$ 的关系如图 6-2 所示。$R(t)$ 与 $F(t)$ 的性质如表 6-1 所示。

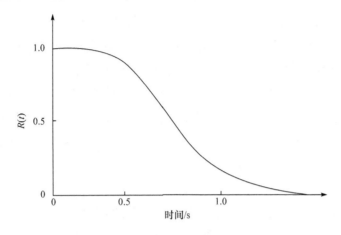

图 6-1　可靠度函数

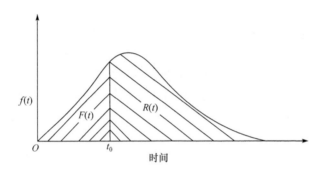

图 6-2　$R(t)$、$F(t)$ 和 $f(t)$ 关系

表 6-1　$R(t)$ 与 $F(t)$ 的性质

函数 性质	$R(t)$	$F(t)$
取值范围	$[0,1]$	$[0,1]$
单调性	非增函数	非减函数
对偶性	$1-F(t)$	$1-R(t)$

（3）失效率函数

产品单元在时刻 t 还在工作，在时间区间 $(t, t+\Delta t)$ 内失效的概率为

$$P_r(t<T\leqslant t+\Delta t \mid T>t)=\frac{P_r(t<T\leqslant t+\Delta t)}{P_r(T>t)}=\frac{F(t+\Delta t)-F(t)}{R(t)}$$

$$(6\text{-}3)$$

两边同除以 Δt，并令 $\Delta t \to 0$，取极限，则式(6-4)左边为失效率函数 $Z(t)$，即

$$Z(t) = \lim_{\Delta t \to 0} \frac{P_r(t < T \leqslant t + \Delta t \mid T > t)}{\Delta t} = \lim_{\Delta t \to 0} \frac{F(t + \Delta t) - F(t)}{\Delta t} \cdot \frac{1}{R(t)} = \frac{f(t)}{R(t)}$$

(6-4)

当 Δt 很小时，$P_r(t < T \leqslant t + \Delta t \mid T > t) \approx Z(t) \Delta t$。

若产品数量很大时，可以把时间区间缩小。当 $\Delta t \to 0$ 时，失效率函数 $Z(t)$ 趋近于一条光滑曲线，如图 6-3 所示，称为浴盆曲线。在初期，产品的失效率很高，经过一段时间的使用，失效率下降至平稳期。随着时间的推移，产品逐渐进入磨损期。由此看出，失效率曲线大致由初期、正常使用期、磨损期三个阶段组成。

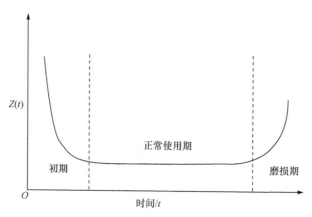

图 6-3　浴盆曲线

（4）平均失效时间

平均失效时间(mean time to failure，MTTF)为

$$\mathrm{MTTF} = E(T) = \int_0^\infty t f(t) \mathrm{d}t$$

(6-5)

当故障单元修理时间相对于 MTTF 非常短，MTTF 约等于平均故障间隔时间。当故障产品单元的修理时间不能忽略时，MTTF 还包含平均维修时间(mean time to repair，MTTR)。

由于 $f(t) = -R'(t)$，则有

$$\mathrm{MTTF} = -\int_0^\infty t R'(t) \mathrm{d}t$$

(6-6)

右边进行分步积分可得

$$\mathrm{MTTF} = -\left[tR(t)\right]_0^\infty + \int_0^\infty tR(t)\mathrm{d}t \qquad (6\text{-}7)$$

当 MTTF$<\infty$时,可以得到$\left[tR(t)\right]_0^\infty = 0$,此时

$$\mathrm{MTTF} = \int_0^\infty R(t)\mathrm{d}t \qquad (6\text{-}8)$$

(5) 平均剩余寿命

当失效时间为 T 的一个产品单元在 $t = 0$ 时开始工作,一直正常工作到时间 t,那么该产品单元再正常工作 x 时间的可靠度为

$$R(x|t) = P_r(T > x+t \,|\, T > t) = \frac{P_r(T > x+t)}{P_r(T > t)} = \frac{R(x|t)}{R(t)} \qquad (6\text{-}9)$$

其中,$R(x|t)$称为 t 时刻产品单元的条件可靠度函数,则 t 时刻产品单元的平均剩余寿命(mean residual life,MRL)为

$$\mathrm{MRL}(t) = \mu(t) = \int_0^\infty R(x|t)\mathrm{d}x = \frac{1}{R(t)}\int_0^\infty R(x)\mathrm{d}x \qquad (6\text{-}10)$$

当 $t = 0$ 时,表示产品单元为一新的产品单元(以前无工作过)。此时,$\mu(0) = \mu = \mathrm{MTTF}$,令

$$g(t) = \frac{\mathrm{MRL}(t)}{\mathrm{MTTF}} = \frac{\mu(t)}{\mu} \qquad (6\text{-}11)$$

若产品单元正常工作到时间 t,则 $g(t)$表示 MRL(t)占初始 MTTF 的百分比。将 $\mu(t)$对 t 进行求导,可以得到失效率函数的另外一种表达式,即

$$Z(t) = \frac{1 + \mu'(t)}{\mu(t)} \qquad (6\text{-}12)$$

6.1.3　可靠性实验

可靠性实验是指对产品进行的一系列实验的总称,包括可靠性调查、可靠性分析和可靠性评价。实验结果可以为故障分析和故障研究提供纠正措施,并且通过可靠性实验,可以判断产品是否达到指标。其具体目标如下。

① 发现产品的设计、材料,以及工艺制造等方面的缺陷,分析这些缺陷并进行改进,从而使产品的可靠性得到提升,最终达到预期的效果。

② 将产品暴露在不同的环境应力下,并分析出失效规律和失效模式,有利于改善产品的质量、增加完成任务的成功率,为研究者提供真实可靠的信息。

③ 确认生产的产品是否合格,是否满足使用要求。

评价和分析产品寿命特征的实验被称为寿命实验。对于大多数电子元器件和电子产品,最有研究意义的可靠性特征量便是寿命,因此电子产品的可靠性实验通常指寿命实验。根据 GB/T 2423,可靠性实验主要包括振动实验、机械冲击实验、碰撞实验、包装跌落、模拟运输、抗压强度、防水防尘实验、堆码实验、温度/湿度/振动三综合实验、盐雾实验、气体腐蚀实验、恒温恒湿实验、冷热冲击实验、紫外光老化实验和快速温变实验。本书针对温度和湿度两个主要方面进行实验。

6.2　LED 照明控制系统可靠性建模与分析

6.2.1　可靠性模型

典型的系统可靠性模型如图 6-4 所示。

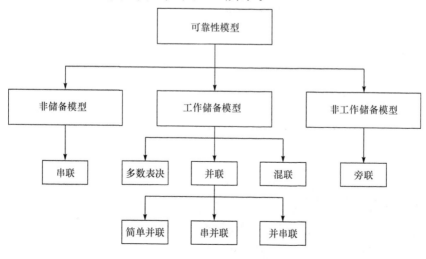

图 6-4　系统可靠性模型

可靠性模型是一种典型的数学模型。该数学模型可以用来预计或评估系统的可靠性。建立系统可靠性模型主要分为两个步骤。

① 掌握系统中各自的功能要求,将它们表达成某一任务框图,其中每一个方框即为系统某一部分的可靠性,通过所使用的元器件种类及数量便可计算得到。

② 根据系统完成预定任务时需要的部件或部件的串联、并联或混联组合情况,将框图用短箭头连接起来,可以构成系统的可靠性框图。

系统中的每个部件都环环相扣,一个部件失效便造成系统整体瘫痪,只有全部正常运行时,系统才正常运行,即串联结构(图 6-5)。

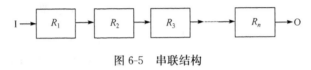

图 6-5　串联结构

串联系统的数学模型为

$$R_s(t) = R_1 R_2 \cdots R_n = \prod_{i=1}^{n} R_i \tag{6-13}$$

其中,n 为组成系统的单元数;R_i 为系统中第 i 个部件的可靠性;$R_s(t)$ 为系统的可靠性。

显然,上述串联系统的寿命为

$$X = \min\{X_1, X_2, \cdots, X_n\} \tag{6-14}$$

因此,系统的可靠度为

$$R(t) = P_r\{\min\{X_1, X_2, \cdots, X_n\} > t\} = P_r\{X_1 > t, X_2 > t, \cdots, X_n > t\}$$

$$= \prod_{i=1}^{n} P_r\{X_i > t\} = \prod_{i=1}^{n} R_i(t) \tag{6-15}$$

当第 i 个部件的失效率为 $\lambda_i(t)$ 时,系统的可靠度为

$$R(t) = \prod_{i=1}^{n} \exp\left\{-\int_0^t \lambda_i(u)\,du\right\} = \exp\left\{-\int_0^t \sum_{i=1}^{n} \lambda_i(u)\,du\right\} \tag{6-16}$$

系统的失效率为

$$\lambda(t) = -\frac{-R'(t)}{R(t)} = \sum_{i=1}^{n} \lambda_i(t) \tag{6-17}$$

因此,一个由众多独立部件组成的串联系统的失效率是所有部件的失

效率之和,系统的平均寿命为

$$\mathrm{MTTF} = \int_0^\infty R(t)\mathrm{d}t = \int_0^\infty \exp\left\{-\int_0^t \lambda(u)\,\mathrm{d}u\right\}\mathrm{d}t \qquad (6\text{-}18)$$

在整体系统结构中,各个部件相互独立工作,并不会因为其他部件的缺失或故障而导致系统失效。同时,部件的增加会使系统的可靠性随之提高,即并联结构(图 6-6)。

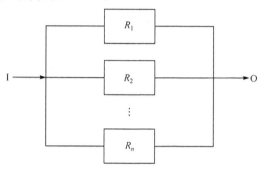

图 6-6　并联结构

并联系统的数学模型为

$$R_s(t) = 1 - \left[1 - R_1(t)\right] \cdot \left[1 - R_2(t)\right] \cdots \left[1 - R_n(t)\right]$$

$$= 1 - \prod_{i=1}^{n} \left[1 - R_i(t)\right] \qquad (6\text{-}19)$$

若初始时刻 $t=0$,则并联系统的寿命为

$$X = \max\{X_1, X_2, \cdots, X_n\} \qquad (6\text{-}20)$$

于是,系统的可靠度为

$$R(t) = P_r\{\max\{X_1, X_2, \cdots, X_n\} > t\}$$

$$= 1 - P_r\{X_1 \leqslant t, X_2 \leqslant t, \cdots, X_n \leqslant t\}$$

$$= 1 - \prod_{i=1}^{n} \{1 - R_i(t)\} \qquad (6\text{-}21)$$

当 $R_i(t) = \mathrm{e}^{-\lambda_i t}$, $i = 1, 2, \cdots, n$,则

$$R(t) = 1 - \prod_{i=1}^{n} \{1 - \exp(-\lambda_i t)\} \qquad (6\text{-}22)$$

因此,系统的平均故障时间为

$$\mathrm{MTTF} = \int_0^\infty R(t)\,\mathrm{d}t = \sum_{i=1}^n \frac{1}{\lambda_i} - \sum_{1 \leqslant i \leqslant j \leqslant n} \frac{1}{\lambda_i + \lambda_j} + \cdots$$

$$+ (-1)^{n-1} \frac{1}{\lambda_1 + \lambda_2 + \cdots + \lambda_n} \tag{6-23}$$

此外,工程系统中还有串联、并联或者两者的混合模型。为了方便计算,可将系统等效成串联或者并联系统,即可得到系统的可靠度。混联模型由一个 N 模冗余结构为核心、S 个备份库组成。如图 6-7 所示为混联结构模型的可靠性框图。

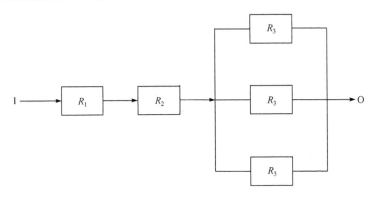

图 6-7　混联结构模型可靠性框图

6.2.2　可靠性分析

轨道车辆车厢 LED 照明控制系统的硬件原理如图 6-8 所示。其工作原理是由辅助逆变器产生 220V 交流电为驱动器供电,照度传感器将采集到的环境亮度信号作为模拟量,通过 AD 转换器处理得到数字信号,数字信号传到单片机 1,单片机 1 再将处理得到的光线亮度信息通过串口输送到单片机 2 和单片机 3 等。

轨道车辆车厢 LED 照明控制系统可靠性框图如图 6-9 所示。

对于如图 6-9 所示的混联结构,其可靠性数学模型为

$$R = R_{\mathrm{AC}} R_{\mathrm{AD}} R_并 \tag{6-24}$$

其中,$R_并 = 1 - \prod_{i=1}^n (1 - R_并) = 1 - \prod_{i=1}^n (1 - R_{i单} R_{i驱} R_{i\mathrm{LED}})$,$R_{i单}$、$R_{i驱}$、$R_{i\mathrm{LED}}$ 分别为第 i 组单片机、LED 驱动电源、LED 的可靠度;R 为控制系

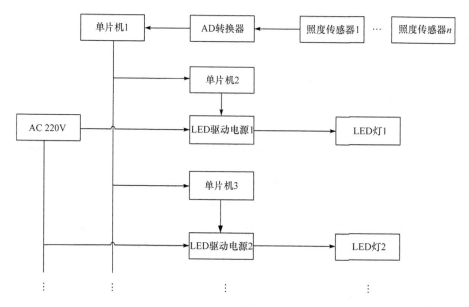

图 6-8　轨道车辆车厢 LED 照明控制系统硬件原理图

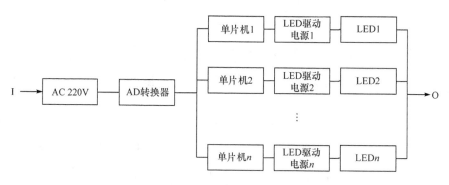

图 6-9　轨道车辆车辆 LED 照明控制系统可靠性框图

统的可靠度；R_{AC} 为电源的可靠度；R_{AD} 为 AD 转换器的可靠度。

由于混联结构并联部分的失效率是时间的函数，因此采用串联中各单元失效率相加等于系统失效率的准则。假设并联系统的失效率服从指数分布，其失效率为

$$\lambda' = -\frac{1}{t}\ln(R_{并}) \tag{6-25}$$

每个单元之间的失效率是相互独立的关系，则整个系统的总失效率为各单元的失效率之和，因此整个控制系统的失效率为

$$\lambda = \lambda_{AC} + \lambda_{AD} + \lambda' \tag{6-26}$$

其中,λ 为控制系统失效率;λ_{AC} 为电源的失效率;λ_{AD} 为电源 AD 转换的失效率;λ' 为并联系统的失效率。

控制系统的平均故障间隔时间为

$$MTBF = \frac{1}{\lambda} \tag{6-27}$$

下面以 LED 照明控制系统驱动电源为例,进行可靠性分析。首先,分析 LED 驱动电源的结构与组成,并列出所用到的元器件。然后,根据 GJB/Z 299C—2006 为电子设备和系统的可靠性预计提供的可靠性数据对 LED 驱动电源进行可靠性分析。大多数元器件的失效率预计都是基本失效率 λ_b 与 π_E、π_Q 等一系列 π 系数相连乘。各个 π 系数含义可在 GJB/Z 299C—2006 中查得。

LED 驱动电源可靠性框图如图 6-10 所示。

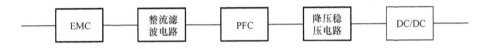

图 6-10　LED 驱动电源可靠性框图

计算各预计单元内元器件的工作失效率,即

$$\lambda_{GS} = \sum_{}^{n} N_i \lambda_{Gi} \pi_{Qi} \tag{6-28}$$

其中,λ_{GS} 为单元总失效率;λ_{Gi} 为第 i 种元器件的通用失效率;π_{Qi} 为第 i 种元器件的通用质量系数;N_i 为第 i 种元器件的数量;n 为元器件的种类数目。

LED 交流驱动电源电路周围温度为 25℃,按照标准说明,LED 驱动电源工作环境温度如表 6-2 所示。

表 6-2　LED 驱动电源工作环境温度

环境	G_B
T_A	25℃

各元器件的通用质量系数 π_Q 如表 6-3 所示。

表 6-3　元器件的通用质量系数 π_Q

种类	质量等级	π_Q
电容	B_2	1
电感	B_2	1
整流二极管	B_2	1
续流二极管	B_2	1
电阻	B_2	1
双极性晶体管	B_2	1
场效应晶体管	B_2	1
变压器	B_2	1

EMC 电路元器件失效率如表 6-4 所示。

表 6-4　EMC 电路元器件失效率

元器件名称	失效率
电容	0.0565
电感	0.006

整流滤波电路元器件失效率如表 6-5 所示。

表 6-5　整流滤波电路元器件失效率

元器件名称	失效率
变压器	0.108
二极管	0.035
电感	0.006
电容	0.0565

PFC 电路元器件失效率如表 6-6 所示。

表 6-6　PFC 电路元器件失效率

元器件名称	失效率
电容器	0.0565
二极管	0.035
电阻	0.0602

降压稳压电路元器件失效率如表 6-7 所示。

表 6-7　降压稳压电路元器件失效率

元器件名称	失效率
电阻	0.0602
电容	0.0565
二极管	0.035
双极性晶体管	0.604

DC/DC 变换器元器件失效率如表 6-8 所示。

表 6-8　DC/DC 变换器电路元器件失效率

元器件名称	失效率
变压器	0.108
电容	0.0565
二极管	0.035
场效应晶体管	0.284
电感	0.006

由此可得,LED 驱动电源整体 MTTF 时间为 473 081 小时,其可靠度函数为 $e^{-2.11\times10^{-6}t}$。

6.3　LED 照明产品可靠性因素分析

下面对轨道车辆车厢 LED 照明控制系统进行故障分析,将影响 LED 照明控制系统可靠性的原因向下一层次逐级分化,从而确定影响整个轨道车辆车厢 LED 照明控制系统可靠性的因素。

6.3.1　故障树理论与分析方法

故障树分析方法（fault tree analysis，FTA）是用于复杂系统可靠性和安全性分析的有力工具。20 世纪 60 年代初，美国 Bell 实验室科技人员首先提出该方法[39]。它反映由元器件或者人为失误等事件引起顶端事件发生的逻辑关系。该逻辑关系用图形表示后，形似一棵以最顶层时间为根的倒生长的树。

6.3.2　故障树的建立

1. 顶端事件 T 的选取

顶端事件 T 可以根据研究对象来选取。通常顶端事件的选取依据两条原则，事件 T 无论是否发生，必须有明确的定义且能度量；事件 T 必须能进一步分解。

2. 故障树的建立

建立故障树的先决条件是必须对系统有透彻的了解。具体的故障树标识如表 6-9 所示。

表 6-9　故障树标识

	标识	描述
逻辑门	或门 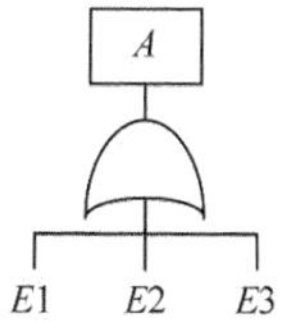 	任何一个事件（Ei）发生都可引起事件 A 发生
	与门 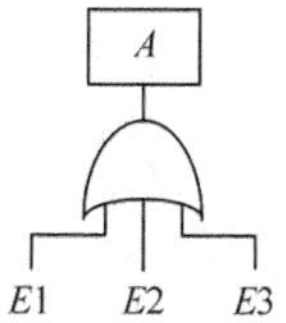 	所有事件（Ei）都发生 A 才发生

续表

标识		描述
输入事件	底事件	没必要进一步细分失效原因的事件
	暂不考虑事件	由于信息不完整或结果不重要而暂不考虑的事件
描述	注释	表示补充信息
传递标识	传出 传入	传出(入)标识表示故障树可在此处进一步(向下级或上级)展开

6.3.3　故障树的数学描述

1. 最小割表示

设 C 为一个集合,由多个基本失效事件构成。若每个事件均发生时顶端事件发生,则 C 可称为故障树的一个割。基本事件的下标组成的集合称为割集。最小割集中元素的个数称作它的阶[40],即

$$C = \bigcap_{i \in D} x_i \tag{6-29}$$

其中，x_i 为第 i 个基本失效事件发生。

每个最小割集就是一种失效模式，若能求得故障树中所有最小割 $C_1, C_2, \cdots, C_l$，则顶端事件 T 可表示为

$$T = \bigcup_{j=1}^{l} C_j = \bigcup_{j=1}^{l} \bigcap_{i \in D_j} x_i \tag{6-30}$$

2. 最小路表示

与最小割的含义类似，若基本事件均不发生，则顶端事件 T 不发生，A 便为一条路。若 A 中除去一个事件就不再是路，则 A 称作最小路。记最小路 A 的下标集为 P，P 称作相应于 A 的最小路集，则 A 可表示为

$$A = \bigcap_{i \in p} \overline{x_i} \tag{6-31}$$

若 $A_1, A_2, \cdots, A_m$ 为故障树的所有最小路，则顶端事件 T 可表示为

$$\overline{T} = \bigcup_{i=1}^{m} A_i \tag{6-32}$$

6.3.4　故障树的评定

故障树的评定分为定性评定和定量评定。求所有最小割的过程为定性评定[41]。在定性评定中，求最小割的方法有下行法和上行法。下行法是从顶端事件 T 往下逐级进行[42]。上行法与下行法相反，是自下而上进行。最底层用与门或者或门等逻辑门来表示。上一级的逻辑门再由其输入表示，一步步往上推，一直把顶端事件表出。

定量评定是已求得故障树的所有最小割 $C_1, C_2, \cdots, C_l$，并且已知基本事件 $x_1, x_2, \cdots, x_n$ 发生的概率，求顶端事件 T 发生的概率 $P(T)$，即

$$P(T) = P(\bigcup_{i=1}^{l} C_i) \tag{6-33}$$

在常见的系统中，其基本事件的失效概率都很小，因此可以用粗糙近似方法，即直接由基本事件的概率来求顶端事件 T 发生的概率。假定 x_1 和 x_2 是任意两个基本事件，则近似地有

$$P(x_1 \bigcup x_2) \approx P(x_1) + P(x_2) \tag{6-34}$$

而假定基本事件相互独立时,有

$$P(x_1 x_2) \approx P(x_1) P(x_2) \tag{6-35}$$

6.3.5　可靠性影响因素分析

依据轨道车辆车厢 LED 照明控制系统的故障机理,可以建立其故障树模型[43],如图 6-11 所示。故障树中分别对应的故障如表 6-10 所示。

根据图 6-11,可以利用下行法来确定故障树的最小割集。

$T = E1 \bigcup E2$

$E1 = E3 \bigcup x_8 \bigcup x_9 \bigcup x_{10}$

$E2 = E4 \bigcup E5 \bigcup E6 \bigcup E7$

$E3 = x_1 \bigcup x_2 \bigcup x_3 \bigcup x_4 \bigcup x_5 \bigcup x_6 \bigcup x_7$

$E4 = x_{11} \bigcup x_{12}$

$E5 = x_{13} \bigcup x_{14}$

$E6 = x_{15} \bigcup x_{16} \bigcup x_{17} \bigcup x_{18} \bigcup x_{19} \bigcup x_{20}$

$E7 = x_{21} \bigcup x_{22}$

由此可得下式,即

$T = x_1 \bigcup x_2 \bigcup x_3 \bigcup x_4 \bigcup x_5 \bigcup x_6 \bigcup x_7 \bigcup x_8 \bigcup x_9 \bigcup \cdots \bigcup x_{19} \bigcup x_{20} \bigcup x_{21} \bigcup x_{22}$

因此,该故障树顶端事件的最薄弱环节由 22 个最小割集组成。

设基本事件 $x_1, x_2, \cdots, x_m$ 发生的概率是 $q_1, q_2, \cdots, q_n$,其中 n 为基本事件的个数,则最小割集的失效概率为

$$P(x_1 \bigcap x_2 \bigcap \cdots \bigcap x_n) = \prod_{i=1}^{m} q_i \tag{6-36}$$

其中,m 为最小割集阶数。

顶端事件发生的概率为

$$P(T) = (y_1 \bigcap y_2 \bigcap \cdots \bigcap y_k) \tag{6-37}$$

其中,$P(T)$ 为顶端事件发生概率;y_i 为最小割集;k 为最小割集的个数。

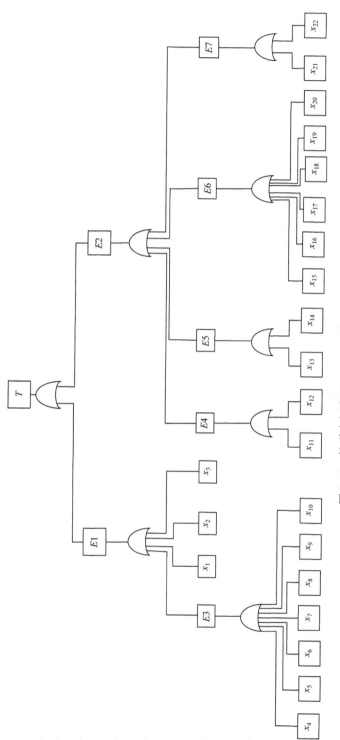

图 6-11　轨道车辆车厢 LED 照明控制系统故障树

表 6-10　故障树图中符号含义

符号	含义
T	轨道车辆车厢 LED 照明控制系统故障
$E1$	驱动模块故障
$E2$	控制模块故障
$E3$	LED 驱动芯片故障
$E4$	IPC 故障
$E5$	单片机故障
$E6$	继电器故障
$E7$	电路板故障
x_1	芯片参数变化
x_2	内部信号振荡
x_3	外部信号干扰
x_4	短路
x_5	过电压
x_6	高温
x_7	过电流
x_8	电容故障
x_9	电感故障
x_{10}	二极管故障
x_{11}	CPU 故障
x_{12}	RAM 故障
x_{13}	噪声
x_{14}	振动
x_{15}	高温
x_{16}	油污
x_{17}	粉尘
x_{18}	高温
x_{19}	开路
x_{20}	短路
x_{21}	开路
x_{22}	短路

在或门故障事件中,有

$$P(T) = 1 - \prod_{i=1}^{k}(1 - P_i) \tag{6-38}$$

其中,P_i 为某一个最小割集的失效概率;$P(T)$ 为失效率。

根据大量调研数据、实际经验,以及其他同类控制系统部件的可靠性数据,得出底事件发生的概率为 $q_1 = 0.0002$,$q_2 = 0.0002$,$q_3 = 0.0001$,$q_4 = 0.0001$,$q_5 = 0.0001$,$q_6 = 0.0002$,$q_7 = 0.0001$,$q_8 = 0.0003$,$q_9 = 0.0002$,$q_{10} = 0.0001$,$q_{11} = 0.0002$,$q_{12} = 0.0001$,$q_{13} = 0.0001$,$q_{14} = 0.0001$,$q_{15} = 0.0001$,$q_{16} = 0.0001$,$q_{17} = 0.0002$,$q_{18} = 0.0003$,$q_{19} = 0.0001$,$q_{20} = 0.0001$,$q_{21} = 0.0002$,$q_{22} = 0.0001$,则顶端事件的概率为
$P(T) = 1 - (1-0.0002)(1-0.0002)(1-0.0001)(1-0.0001)(1-0.0001)(1-0.0002)(1-0.0001)(1-0.0003)(1-0.0002)(1-0.0001)(1-0.0002)(1-0.0001)(1-0.0001)(1-0.0001)(1-0.0001)(1-0.0001)(1-0.0002)(1-0.0003)(1-0.0001)(1-0.0001)(1-0.0002)(1-0.0001) = 0.00329$。

一般情况下,割集的阶数越小,其发生的可能性就越大,因此 22 个一阶最小割集构成影响可靠性因素的最薄弱环节。

根据实际经验,系统中的各个部件并不是同样重要的。一般将底事件发生对顶端事件的贡献,称为底事件的重要度。重要度可分为结构重要度和概率重要度。

结构重要度是指底事件所处位置对顶端事件发生的影响程度,与本身发生的概率无关,即

$$I_i = 1 - \prod_{x_i \in y_i}\left[1 - \frac{1}{2^{n-1}}\right] \tag{6-39}$$

其中,I_i 为底事件 x_i 的结构重要度近似值;n 为底事件 x_i 所在割集 y_i 的阶数。

采用最小割集法判断结构重要度,将求得的 22 个最小割集代入式(6-39)可得底事件的结构重要度。由于 22 个底事件均为一阶最小割集($n=1$),因此结构重要度均为 1,即任一底事件发生,顶端事件必将发生。这意味着,轨道车辆车厢 LED 照明控制系统将会发生故障。

第 i 个底事件失效率的变化,引起系统失效率变化的程度,称为概

率重要度。概率重要度的定义为

$$I_i = \frac{\partial P(T)}{\partial q_i} \qquad (6\text{-}40)$$

其中，I_i 为第 i 个底事件的概率重要度；$P(T)$ 为顶端事件的失效概率；q_i 为底事件的发生概率。

将底事件数据代入式(6-40)可得基本事件的概率重要度。底事件概率重要度排序如表 6-11 所示。

表 6-11　底事件概率重要度排序

序号	底事件	概率重要度
1	x_{15}	0.9968996
2	x_{11}	0.9968995
3	x_{21}	0.9968994
4	x_{14}	0.9968992
5	x_{20}	0.9968967
6	x_{16}	0.9968965
7	x_{12}	0.9968963
8	x_{19}	0.9968948
9	x_{17}	0.9968944
10	x_{18}	0.9968928
11	x_3	0.9967996
12	x_{22}	0.9967995
13	x_7	0.9967995
14	x_{10}	0.9967994
15	x_{13}	0.9967994
16	x_4	0.9967994
17	x_6	0.9967993
18	x_5	0.9967993
19	x_8	0.9966999
20	x_9	0.9966997
21	x_1	0.9966994
22	x_2	0.9966991

由底事件概率重要度排序可以看出，x_{15} 的概率重要度为 0.9968996，对轨道车辆车厢 LED 照明控制系统失效影响最大，是影响其可靠性最重要的因素。

6.4　LED 照明控制系统剩余寿命预测

6.4.1　加速退化实验的分类及模型

在实际情况下，产品在环境中的退化过程相当缓慢，其退化量在很长时间内的变化是微乎其微的。尤其对于长寿命的产品而言，测量其退化量显得尤为困难，因此引入加速退化实验（accelerated degradation tests，ADT）。ADT 主要通过加速产品的退化过程，将产品置于高应力水平下，通过实验获得高应力下某些产品的退化数据，再使用采集的退化数据对产品的可靠性和寿命进行评估。ADT 又可分为常应力退化实验和加速退化实验。

通常在正常应力水平下进行的退化实验称为常应力退化实验[44]。其实验过程是取一定量的样品，并将样品放置于正常应力水平下，每隔一段时间便测量一次退化量，直至退化量达到失效阈值或退化失效标准。该过程与加速寿命实验过程相似，经历的时间都较长。

加速退化实验是在提高应力水平的条件下，获得产品退化数据的过程。加速退化实验是由恒定应力加速退化实验、步进应力加速退化实验和序进应力加速退化实验三部分组成[44]。

（1）恒定应力加速退化实验

实验由 k 个应力等级组成。$S^{(1)} < S^{(2)} < \cdots < S^{(k)}$，其中 $S^{(0)} < S^{(1)}$ 代表正常的应力，首先在 $S^{(1)}$ 应力下，选取 n 个实验产品，将其承受应力等级设为 $S^{(1)}$，每个产品分别在时刻 $t_1 < t_2 < \cdots < t_m$ 进行一次测量，记录退化量。选择另外一个应力，重复上述的步骤，直至选择 k 个应力等级。恒定应力加速退化实验原理如图 6-12 所示，横轴表示时间，纵轴表示施加的应力水平。

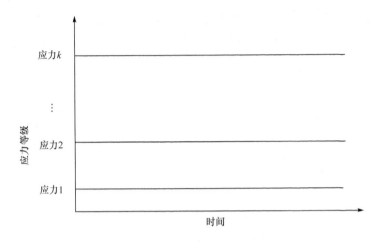

图 6-12　恒定应力加速退化实验原理图

（2）步进应力加速退化实验

选取时间段 $0<t_1<t_2<\cdots<t_k<t$ 的 k 个固定点。在零时刻，随机选择 n 个产品进行实验。在 $(0,t_1]$，实验产品承受应力等级 $S^{(1)}$；在 $(t_1,t_2]$，t_1 时刻性能退化量没有超过规定阈值的产品在应力等级 $S^{(2)}$ 下继续进行实验；在 $(t_2,t_3]$，t_2 时刻仍然没有超过规定阈值的产品在应力等级 $S^{(3)}$ 下继续进行实验，依此类推。在 $(t_k,\infty]$，t_k 时刻没有超过失效阈值的产品在应力等级 S^{k+1} 下保持工作，直到它们都超过失效阈值（此时不必再做检查）。如图 6-13 所示为步进应力加速退化实验的原理图。

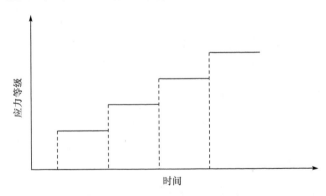

图 6-13　步进应力加速退化实验原理图

（3）序进应力加速退化实验

随机选择 n 个实验产品，使其承受应力等级 $S(t)$，应力等级 $S(t)$ 随着时间递增,直到所有的产品都超过规定的阈值。序进应力加速退化实验与序进加速寿命实验相似,不同之处在于序进加速寿命实验测试产品的失效寿命数据,序进应力加速退化实验测各个样品的性能退化量。该加速退化实验原理图如图 6-14 所示。

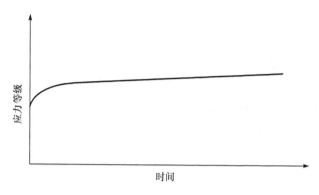

图 6-14　序进应力加速退化实验原理图

恒定应力加速退化实验是应用最广的加速退化实验,并且已被国际电工委员会(International Electrotechnical Commission,IEC)标准采用。这是由于其操作简单,数据处理方法也较为成熟,利用退化数据估计的寿命更加准确。

利用加速退化实验,可在短时间内获得许多退化数据,利用这些退化数据可以外推出产品的寿命,因此需要建立加速退化模型来实现外推的目的。加速模型反映特征量和应力水平的函数关系。下面介绍几种典型的加速模型。

① Arrhenius 模型。

从本质上来说,产品退化就是一些简单的物理或者化学过程,其中一个重要的因素是温度。高温能使产品内部的元器件材料等快速发生变化。因此,在加速退化实验中,温度常被用作加速应力。Arrhenius 于 1887 年研究了温度激发类化学过程,并基于大量的实验数据推出反应速率 K 与温度 T 的关系,即加速模型。其函数表达式为

$$\frac{\partial X}{\partial t} = \varepsilon = A\exp\left[-\frac{E}{kT}\right] \tag{6-41}$$

其中,X 为产品性能指标值或者退化量;ε 为反应速率或者退化速度;

A 为常数；E 为激活能，单位 eV；k 为玻尔兹曼常量，数值为 8.617×10^{-5} eV/℃；T 为绝对温度。

对式(6-41)两边取对数，可将其化为线性方程，即

$$\ln\varepsilon = \ln A - \frac{E}{kT} \tag{6-42}$$

Arrhenius 模型主要用于电子产品的加速退化实验。

② Egring 模型。

Egring 模型主要是对除了有温度应力，还有其他应力的情况进行建模，是根据量子力学原理推导出的数学模型。其加速模型为

$$\frac{\partial X}{\partial t} = \varepsilon = AT\exp\left(-\frac{E}{kT}\right)M^{\alpha} \tag{6-43}$$

其中，ε 为反应或退化速度；A、E 和 α 均为待定常数；E 为激活能，单位 eV；k 为玻尔兹曼常量；T 为绝对温度；M 为除了温度外的其他应力。

一般情况下，当绝对温度 T 的变化范围较小时，AT 可以近似看作一个常数，此时的 Egring 模型也近似于 Arrhenius 模型。在选择模型时，通常用两者同时拟合数据，根据拟合优度，即回归直线对观测值的拟合程度来决定模型的选取。

对式(6-43)两边取对数，可得 Egring 模型的线性表达形式，即

$$\ln\varepsilon = \ln A - \frac{E}{kT} + \alpha\ln M \tag{6-44}$$

③ 逆幂律模型。

温度的应力、电压、电流、功率等电应力和机械应力存在于加速实验。大量实验数据证明，产品退化速度与应力的关系通常满足逆幂律模型。其加速模型为

$$\frac{\partial X}{\partial t} = \varepsilon = AS^{\alpha} \tag{6-45}$$

其中，ε 为反应或退化速度；A 为待定常数，其值与产品和实验方法有关；α 是与激活能有关的常数；S 为应力水平。

对式(6-45)两边取对数，可得到逆幂律模型的线性表达式，即

$$\ln\varepsilon = \ln A + \alpha\ln S \tag{6-46}$$

④ Hallberg-Peck 模型。

Hallberg-Peck 模型综合考虑温度、湿度的影响,能够准确地描述产品在温湿度条件下进行的加速退化实验。Peck 总结了诸多稳态实验的结果,同时以 $85℃/85\%$ 的结果为标准进行详细的对比和分析,在 1986 年给出形如塑封器件的模型,即

$$\frac{\partial X}{\partial t} = \varepsilon = A(H_R)^{-3} + \frac{E}{k(273+T)} \tag{6-47}$$

其中,ε 为反应或退化速度;A 为与材料有关的待定常数;H_R 为相对湿度;E 为激活能。

对式(6-47)两边取对数,可得到 Hallberg-Peck 模型的线性表达式,即

$$\ln\varepsilon = \ln A - 3H_R + \frac{E}{k(273+T)} \tag{6-48}$$

6.4.2　基于 Wiener 过程的轨道车辆车厢 LED 照明控制系统剩余寿命预测

从广义角度来说,现有的剩余寿命预测方法可分为基于模型的预测方法和基于数据的预测方法[46]。随着信号采集和信号处理等相关技术的发展,往往能够采集到丰富的系统运行数据,根据这些数据建立相应的数学模型,即基于数据的预测方法。基于数据的预测方法主要由人工智能和概率统计两种方法组成。尽管人工智能方法的数据拟合程度较高,但是其对于未来的预测效果较差,而概率统计方法则可以较好地预测未来状态的概率分布。Wiener 过程模型是一类常见的概率统计模型,相较其他过程模型更为普遍,通常描述的是一类随机过程[47,48]。

综合以上分析,本节将在 Wiener 过程的框架下,以轨道车辆车厢 LED 驱动电源为例,描述其退化过程,并设置不同的温湿度梯度进行加速退化实验。根据获得的 LED 驱动电源的电流退化数据对加速退化过程建模[49]。以 Hallberg-Peck 模型描述 Wiener 过程中的漂移参数 μ 和温湿度之间的关系,并利用 Bayes 方法对模型的过程参数进行更新,从而得到更为准确的预测结果。

由于 Wiener 过程具有诸多优点,已被广泛应用于退化过程建

模[50]，因此本书采用 Wiener 过程建立轨道车辆车厢 LED 驱动电源的数学模型。假设 $Z(t)$ 表示 LED 驱动电源在 t 时刻的退化量，其带漂移参数的 Wiener 过程退化模型为

$$\Delta Z(t)=Z(t+\Delta t)-Z(t)=\theta \Delta t+\varepsilon W(t) \tag{6-49}$$

其中，θ 表示漂移系数，为常数；ε 表示扩散系数，为常数；Δt 为一个小的时间间隔；$W(t)$ 为标准布朗运动，具有如下两个特征。

特征 1：$W(t)\sim N(0,t)$。

特征 2：对任何两个不同时间 t_1 和 t_2，$t_1<t_2$，$t_1+\Delta t<t_2$，则 $\Delta W(t_1)$ 与 $\Delta W(t_2)$ 相互独立。

根据 $\Delta W(t)$ 的特征可以得出，$\Delta Z(t)\sim N(\theta \Delta t,\varepsilon^2 \Delta t)$，则其退化量均值 $E(\Delta Z(T))=\theta \Delta t$，退化量方差 $D(\Delta Z)=\varepsilon^2 \Delta t$。均值反映退化数据的集中趋势，通常受加速应力的影响，因此认为漂移系数 θ 与加速应力有关。方差 ε 反映退化数据与均值之间的偏离程度，通常与加速应力无关。本书将 θ 和 ε^2 作为随机参数，用来描述轨道车辆车厢 LED 驱动电源的个体差异，由于没有充足的关于待估参数的先验信息，因此采用无信息的先验分布。

假设轨道车辆车厢 LED 驱动电源的失效阈值为常量 C，当电流退化数据首次达到失效阈值时，称 LED 驱动电源失效。LED 驱动电源的剩余使用寿命可定义为[51]

$$\gamma=\inf\{t\mid Z(t)\geqslant C,t>0\} \tag{6-50}$$

经验证可知，LED 驱动电源的首达失效阈值时间 γ 服从逆高斯分布，其概率密度函数为

$$f(t\mid \theta,\varepsilon,C)=\frac{C}{\sqrt{2\pi\varepsilon^2 t^3}}\mathrm{e}^{\left[-\frac{(C-\Delta Z(t)-\theta t)^2}{2\varepsilon^2 t}\right]} \tag{6-51}$$

分布函数为

$$F(t)=\phi\left[\frac{\theta t-\Delta Z(t)-C}{\varepsilon\sqrt{t}}\right]+\mathrm{e}^{\left(\frac{2\theta C}{\varepsilon^2}\right)}\phi\left[\frac{-(\theta t+\Delta Z(t)+C)}{\varepsilon\sqrt{t}}\right] \tag{6-52}$$

其中，$\phi(\cdot)$ 表示标准正态分布。

在加速退化实验中，温度和湿度是较为常见的加速应力，两者能加剧产品内部反应，使产品退化。轨道车辆车厢 LED 驱动电源的可靠性

主要受温度和湿度的影响,温度过高和环境过于潮湿会使电源内部电解电容的寿命降低,从而影响整个驱动电源的寿命。因此,采用 Hallberg-Peck 加速模型构造漂移系数 θ 和温湿度应力之间的关系,即

$$\theta = A(H_R)^{-3} e^{\left[\frac{E}{K(273+T)}\right]} \tag{6-53}$$

其中,A 为相对湿度,且 $A>0$。

将式(6-53)代入式(6-49),则退化模型为

$$\Delta Z(t, T, H_R) = A(H_R)^{-3} e^{\left[\frac{E}{K(273+T)}\right]} \Delta t + \varepsilon \Delta W(t) \tag{6-54}$$

设加速退化实验中的加速应力为 $T_1, T_2, \cdots, T_l$,每个加速应力有 m 个样品数,每个样品数的测量时间梯度为 $t_1, t_2, \cdots, t_n$,则在 T_i 应力下第 j 个样品在 t_k 时刻测得的退化量为 Z_{ijk},且在初始时刻的性能退化量为 0,$\Delta Z_{ijk} = Z_{ijk} - Z_{ij(k-1)}$ 为退化量的增量。由 $W(t)$ 的性质可知,$\Delta Z_{ijk} \sim N(\theta_{ij}\Delta t_{ijk}, \varepsilon^2 \Delta t_{ijk})$,即

$$E(\Delta Z_{ijk}) = \theta_{ij}\Delta t_{ijk} = A(H_R)^{-3} e^{\left[\frac{E}{K(273+T)}\right]} \Delta t_{ijk} \tag{6-55}$$

$$D(\Delta Z_{ijk}) = \varepsilon^2 \Delta t_{ijk} \tag{6-56}$$

在 Δt_k 时间段内,由性能退化数据所得的概率密度函数为

$$f_{ijk} = \frac{1}{\sqrt{2\pi\varepsilon^2 \Delta t_{ijk}}} e^{\left[-\frac{(\Delta Z_{ijk} - \theta_{ij}\Delta t_{ijk})^2}{2\varepsilon^2 \Delta t_{ijk}}\right]} \tag{6-57}$$

则可以得到关于 θ 及 ε^2 的似然函数,即

$$L(A, E, \varepsilon) = \prod_{i=1}^{l}\prod_{j=1}^{m}\prod_{k=1}^{n} \frac{1}{\sqrt{2\pi\varepsilon^2 \Delta t_{ijk}}} e^{\left[-\frac{(\Delta Z_{ijk} - \theta\Delta t_{ijk})^2}{2\varepsilon^2 \Delta t_{ijk}}\right]} \tag{6-58}$$

对式(6-58)可采用极大似然估计的方法,可以得到 θ 和 ε^2 的估计值,但是求解过程非常复杂,因此需要首先确定参数的先验分布,再利用 Bayes 方法对参数进行更新,便可获得其后验分布。根据 Bayes 定理,后验分布可表示为

$$p(\theta|y) \propto f(y|\theta) p(\theta) \tag{6-59}$$

其中,$p(\theta|y)$ 为后验分布的概率密度函数;$f(y|\theta)$ 为似然函数;$p(\theta)$ 为先验分布的概率密度函数。

假设在 T_1 应力下第一组样品测量数据服从正态分布,其参数 θ_1 和 ε_1^2 采用无信息先验分布。该先验分布概率密度函数表达式为

$$p(\theta,\varepsilon^2) \propto \frac{1}{\varepsilon^2} \tag{6-60}$$

令 $\theta_a = \theta_1 \Delta t_{11k}$，$\varepsilon_a^2 = \varepsilon_1^2 \Delta t_{11k}$，则 $p(\theta_a,\varepsilon_a^2) \propto \dfrac{1}{\varepsilon_a^2}$。待估参数 $(\theta_a,\varepsilon_a^2)$ 的联合后验分布为

$$p(\theta_a,\varepsilon_a^2 \mid \Delta z_{11k}) \propto (\varepsilon_a^2)^{-\frac{n}{2}-1} e^{\left[\sum\limits_{k=1}^{n} -\frac{1}{2\varepsilon_a^2}(\Delta z_{11k}-\theta_a)^2\right]} \tag{6-61}$$

首先，对待估参数 θ_a 进行更新，则可将 ε_a^2 看成多余参数，通过对联合后验分布进行积分可将多余参数去除，即

$$p(\theta_a \mid \Delta Z_{11k}) \propto \int_0^\infty (\varepsilon_a^2)^{-\frac{n}{2}-1} e^{\left[\sum\limits_{k=1}^{n} -\frac{1}{2\varepsilon_a^2}(\Delta z_{11k}-\theta_a)^2\right]} \mathrm{d}\varepsilon_a^2 \tag{6-62}$$

对其进行整理得下式，即

$$
\begin{aligned}
p(\theta_a \mid \Delta Z_{11k}) &\propto \frac{\Gamma(n/2)}{\left[\sum\limits_{k=1}^{n} \Delta Z_{11k} - \theta_a/2\right]^{n/2}} \\
&\times \int_0^\infty \frac{\left[\sum\limits_{k=1}^{n} (\Delta Z_{11k} - \theta_a)\right]^{n/2}}{\Gamma(n/2)} (\varepsilon_a^2)^{-\frac{n}{2}-1} e^{\left[\sum\limits_{k=1}^{n} -\frac{1}{2\varepsilon_a^2}(\Delta z_{11k}-\theta_a)^2\right]} \mathrm{d}\varepsilon_a^2 \\
&= \frac{\Gamma(n/2)}{\left[\sum\limits_{k=1}^{n} (\Delta Z_{11k} - \theta_a)^2/2\right]^{n/2}}
\end{aligned}
\tag{6-63}
$$

可将 $\sum\limits_{i=1}^{n} (\Delta Z_{11k} - \theta_a)^2$ 角化为 $n(\Delta Z_{11k} - \theta_a)^2 + \sum\limits_{k=1}^{n} (\Delta Z_{11k} - \Delta \bar{Z}_{11k})^2$，代入式(6-63)，可得下式，即

$$
\begin{aligned}
p(\theta_a \mid \Delta Z_{11k}) &\propto \frac{\Gamma(n/2)}{\left[\sum\limits_{i=1}^{n} (\Delta Z_{11k} - \theta_a)^2/2\right]^{n/2}} \\
&\propto \frac{\Gamma(n/2)}{\left[\dfrac{1}{2}\sum\limits_{k=1}^{n} (\Delta Z_{11k} - \Delta \bar{Z}_{11k})^2\right]^{n/2} \cdot \left[1 + \dfrac{n(\Delta \bar{Z}_{11k} - \theta_a)^2}{\sum\limits_{k=1}^{n} (\Delta Z_{11k} - \Delta \bar{Z}_{11k})^2}\right]^{n/2}}
\end{aligned}
$$

$$\propto \left[1+\frac{n(\Delta\overline{Z}_{11k}-\theta_a)^2}{\sum\limits_{k=1}^{n}(\Delta Z_{11k}-\Delta\overline{Z}_{11k})^2}\right]^{-n/2}$$

$$\propto \left[1+\frac{(\theta_a-\Delta\overline{Z}_{11k})^2}{(n-1)\dfrac{S^2}{n}}\right]^{-n/2} \tag{6-64}$$

其中，$\Delta\overline{Z}_{11k}=\dfrac{1}{n}\sum\limits_{k=1}^{n}\Delta Z_{11k}$；$s^2=\dfrac{1}{(n-1)}\sum\limits_{k=1}^{n}(\Delta Z_{11k}-\Delta\overline{Z}_{11k})^2$。

可以看出，θ_a 的边缘后验分布服从均值为 $\Delta\overline{Z}_{11k}$，尺度参数为 $\dfrac{S^2}{n}$ 的正态分布。

对待估参数 ε_a^2 进行更新，即

$$p(\varepsilon_a^2\mid\Delta Z_{11k})\propto\int_{-\infty}^{+\infty}e^{\left[-\frac{1}{2\varepsilon_a^2}\sum\limits_{i=1}^{n}(\Delta Z_{11k}-\theta_a)^2\right]}d\theta_a$$

$$\propto(\varepsilon_a^2)^{-\frac{n}{2}-1}\int_{-\infty}^{+\infty}e^{\left\{-\frac{1}{2\varepsilon_a^2}\left[n(\Delta Z_{11k}-\theta_a)^2+\sum\limits_{k=1}^{n}(\Delta Z_{11k}-\Delta\overline{Z}_{11k})^2\right]\right\}}d\theta_a$$

$$\propto(\varepsilon_a^2)^{-\frac{n}{2}-1}\int_{-\infty}^{+\infty}e^{\left[\frac{(\Delta Z_{11k}-\theta_a)^2}{2\varepsilon_a^2/n}\frac{S^2}{2\varepsilon_a^2/(n-1)}\right]}d\theta_a$$

$$\propto(\varepsilon_a^2)^{-\frac{n}{2}-1}e^{\left[-\frac{(n-1)S^2}{2\varepsilon a^2}\right]}\int_{-\infty}^{+\infty}e^{\left[-\frac{(\Delta Z_{11k}-\theta_a)^2}{2\varepsilon_a^2/n}\right]}d\theta_a$$

$$\propto(\varepsilon_a^2)^{-\frac{n}{2}-1}e^{\left[-\frac{(n-1)S^2}{2\varepsilon a^2}\right]} \tag{6-65}$$

可以看出，参数 ε_a^2 的后验分布与逆 Gamma 分布的概率密度函数成比例，因此其形状参数为 $\dfrac{(n-1)}{2}$，尺度参数为 $\dfrac{(n-1)S^2}{2}$。由式(6-64)和式(6-65)可得参数 θ_1 的后验分布均值为 $\dfrac{\Delta\overline{Z}_{11k}}{\Delta t_{11k}}$，尺度参数为 $\dfrac{s^2\Delta t_{11k}}{n}$；参数 ε_1^2 的后验分布的形状参数为 $\dfrac{n-1}{2}$，尺度参数为 $\dfrac{(n-1)S^2}{2\Delta t_{11k}}$，则在 T_1 应力下参数 $\hat{\theta}_1$ 和 $\hat{\varepsilon}_1^2$ 的估计值为

$$\hat{\theta}_1=\frac{1}{m}\sum_{j=1}^{m}\theta_1$$

$$\hat{\varepsilon}_1^2 = \frac{1}{m}\sum_{j=1}^{m}\varepsilon_1^2 \tag{6-66}$$

同理，可得在 $T_2, T_3, \cdots, T_l$ 应力下的参数估计值。

对于应力水平 T_i，对式(6-65)两边取对数可得下式，即

$$\ln\theta_i = \ln A - 3\ln(H_{R_i}) + \frac{E}{K(273+T_i)} \tag{6-67}$$

则任意两个应力 T_i 和 $T_j (i=1,2,\cdots,l; j=1,2,\cdots,l; i\neq j)$ 联立得下式，即

$$\ln\theta_i - \ln\theta_j = 3[\ln(H_{R_j}) - \ln(H_{R_i})] + \left[\frac{1}{K(273+T_i)} - \frac{1}{K(273+T_j)}\right]E \tag{6-68}$$

将式(6-66)所得的估计值代入式(6-68)，可得下式，即

$$\hat{E}_{ij} = \frac{(\ln\hat{\theta}_i - \ln\hat{\theta}_j) - 3[\ln(H_{Rj}) - \ln(H_{Ri})]}{\dfrac{1}{K(273+T_i)} - \dfrac{1}{K(273+T_j)}} \tag{6-69}$$

则可以得到 E 的估计值为

$$\hat{E} = \frac{1}{l(l-1)}\sum_{i=1}^{l}\sum_{j=1,j\neq i}^{l}\hat{E}_{ij} \tag{6-70}$$

根据式(6-63)可得出 A 的估计值为

$$\hat{A} = \frac{1}{l}\sum_{i=1}^{l}\frac{\hat{\theta}_i}{(H_{Ri})^{-3}\,\mathrm{e}^{\left[\frac{E}{K(273+T_i)}\right]}} \tag{6-71}$$

由于扩散系数 ε 与加速应力无关，因此 ε 的估计值为

$$\hat{\varepsilon}^2 = \frac{1}{l}\sum_{i=1}^{l}\hat{\varepsilon}^2 \tag{6-72}$$

6.4.3　实验准备

1. 实验样品

以轨道车辆车厢 LED 照明驱动电源为实验对象，实物如图 6-15 所示。其型号为 YEAL-DY-AC-002，输入电压为交流电 198～242V，

50HZ,输出电压为直流 35.5V,工作温度为-30~70℃。

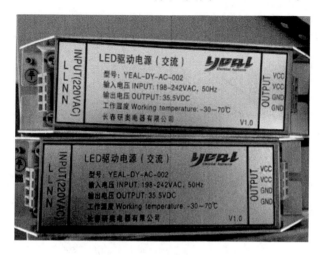

图 6-15 LED 驱动电源实物图

2. 加速方式及应力的选取

对于 LED 驱动电源而言,温度和湿度是影响其寿命的最主要的因素,因此选取温度、湿度作为加速应力。考虑实验条件的限制,以及数据处理比较复杂,本书采用恒定应力加速退化实验对 LED 驱动电源进行加速退化实验。

在加速退化实验中,根据国家标准,应力通常不少于 2 个,同时考虑 LED 驱动电源自身性能的特点,结合厂商提供的性能指标,选取应力 T_1 为温度 55℃、湿度 55%,应力 T_2 为温度 65℃、湿度 65%,应力 T_3 为温度 75℃、湿度 75%。

3. 样品量的选取

在实验中,随机抽取 2 个样品在温度 55℃、湿度 55%;温度 65℃、湿度 65%;温度 75℃、湿度 75%下进行退化实验。

4. 测量参数

LED 驱动电流的大小是评价 LED 驱动电源性能退化及可靠性的关键指标,因此选择电流作为测量参数。

5. 实验时间和测量周期

实验时间应保证 LED 驱动电源的电流产生足够退化,实验总时间为 72h,采样周期为 1h。

6.4.4　实验设备

1. 高低温交变湿热实验箱

其型号为 SDK010FH,温度范围为 0～+150℃,湿度范围为 25%～98%RH,如图 6-16 所示。

图 6-16　高低温交变湿热实验箱

2. 交流电源

LED 驱动交流电源如图 6-17 所示。

3. 数字示波器

选用型号为 DPO3034 的数字示波器,如图 6-18 所示。示波器带宽300MHz,采样速度为 2.5Gbit/s,记录长度为 5M。

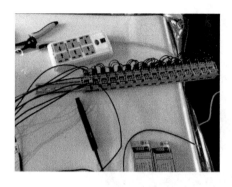
图 6-17　LED 驱动交流电源

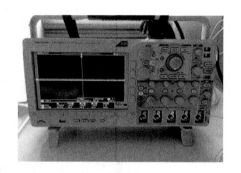
图 6-18　泰克 DPO3034 数字示波器

6.4.5　实验步骤

① 完成设备之间的连接。

② 将样品置于高低温交变湿热实验箱中，并在高低温交变湿热实验箱进行程序的编写，如图 6-19 所示。

③ 将设备通电开始实验，实验导体如图 6-20 所示。图 6-21 为开始实验时，温度的上升过程和湿度的下降过程。在实验过程中，各个温湿度应力梯度如图 6-22 所示。

④ 记录每小时的实验数据。

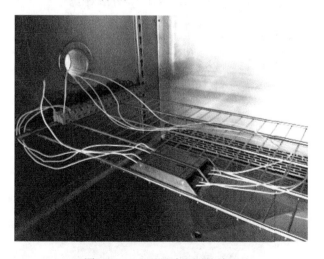
图 6-19　LED 驱动电源的放置

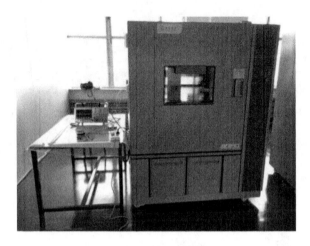

图 6-20　实验整体图

图 6-21　开始实验时温度和湿度的变化过程

(a) 第一组应力梯度

(b) 第二组应力梯度　　　　　　　　　　　(c) 第三组应力梯度

图 6-22　实验中各应力梯度

6.4.6　轨道车辆车厢 LED 驱动电源剩余寿命预测

根据测得的退化数据,可得退化模型中各参数值,再根据加速退化模型可得正常应力水平下退化量的均值和方差,进而可得相应的失效分布。由图 6-23 可以看出,3 组 LED 驱动电源的退化数据基本为线性轨迹,且退化量呈现出随机过程,并不是严格递增,因此可初步判定该退化过程可用 Wiener 过程描述。根据 Wiener 过程的特性,$\Delta Z(t) \sim N(\theta \Delta t, \varepsilon^2 \Delta t)$,$\Delta t$ 为固定值,因此只需对 $\Delta Z(t)$ 进行概率分布拟合,从而确定退化过程是否为 Wiener 过程。对每个应力条件取一个样品,采用拟合工具箱 Dfittool 对退化数据拟合。拟合结果如图 6-24 所示。

利用本书的理论和方法对退化数据进行更新,可以得到 θ 和 ε^2 的正态-逆 Gamma 后验分布参数,如表 6-12 所示。根据表 6-12,将得到的参数估计值代入式(6-21),即可得到 $\hat{E}_{ij}$ 的估计值,如表 6-13 所示。

表 6-12　不同应力条件下参数估计值

应力梯度	$\hat{\theta}$	ε^2
50℃/50%	2.853×10^{-4}	9.83×10^{-5}
70℃/70%	1.365×10^{-4}	1.365×10^{-4}
90℃/90%	4.997×10^{-4}	3.777×10^{-4}

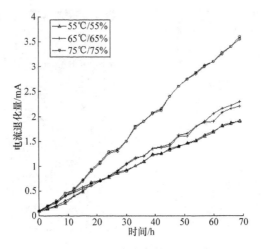

图 6-23　3 组应力条件下的退化

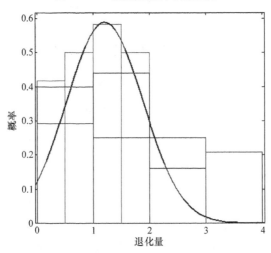

图 6-24　退化拟合结果

表 6-13　$\hat{E}_{ij}$ 的估计值

应力梯度	50℃/50%	70℃/70%	90℃/90%
50℃/50%	—	$-6.301\times10^3 K$	$-6.811\times10^3 K$
70℃/70%	$-6.301\times10^3 K$	—	$-7.385\times10^3 K$
90℃/90%	$-6.811\times10^3 K$	$-7.385\times10^3 K$	—

　　将 $\hat{E}_{ij}$ 的估计值分别代入式(6-62)和式(6-63),可得参数 $E=-6.832\times10^3 K$,$A=5.294\times10^3$,$\varepsilon^2=2.042\times10^{-4}$,则漂移系数 θ 和温湿度应力之间的关系为

$$\theta = 5.294 \times 10^3 (H_R)^3 e^{-\frac{6.832 \times 10^3}{273 + T}} \tag{6-73}$$

通常轨道车辆车厢 LED 驱动电源在温度为 25℃，湿度为 30% 的环境下工作，因此可以得出其漂移系数 $\theta = 2.166 \times 10^{-4}$，扩散系数 $\varepsilon = 0.0143$，LED 驱动电源输出电流的失效阈值为 15mA，则 LED 驱动电源剩余寿命的概率密度函数为

$$
\begin{aligned}
f(t) &= \frac{C}{\sqrt{2\pi \varepsilon^2 t^3} e^{\left\{-\frac{[C - \Delta Z(t) - \alpha]^2}{2\varepsilon^2 t}\right\}}} \\
&= \frac{15}{\sqrt{4.084 \times 10^{-4} \pi t^3}} e^{\left[-\frac{(15 - 2.166 \times 10^{-4} t)^2}{4.08 \times 10^{-4} t}\right]}
\end{aligned}
\tag{6-74}
$$

其中，$\Delta Z(t)$ 为 t 时刻的退化量。

此处测量的是初始时刻的退化量，因此 $\Delta Z = 0$。其可靠度函数为

$$
\begin{aligned}
R(t) &= \phi\left[\frac{C - \theta t}{\varepsilon \sqrt{t}}\right] + e^{\left(\frac{2\alpha C}{\varepsilon^2}\right)} \phi\left[\frac{-(C + \theta t)}{\varepsilon \sqrt{t}}\right] \\
&= \phi\left[\frac{15 - 2.166 \times 10^{-4} t}{0.0143 \sqrt{t}}\right] + e^{31.82} \phi\left[\frac{-(15 + 2.166 \times 10^{-4} t)}{0.0143 \sqrt{t}}\right]
\end{aligned}
$$

$$\tag{6-75}$$

LED 驱动电源剩余寿命可靠度曲线如图 6-25 所示。

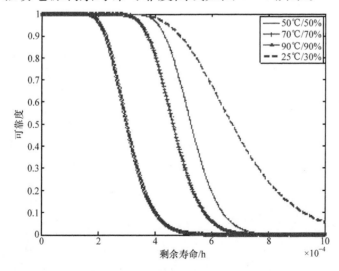

图 6-25　剩余寿命可靠度曲线图

　　为了验证更新后的数据精确性,如图 6-26 所示给出了 Bayes 更新后数据和未更新数据的概率密度函数曲线。可以看出,Bayes 更新方法预测的剩余寿命分布相对于不更新的预测方法更高,说明 Bayes 更新后的不确定性较小,预测精度得到提高。同时,为了验证本书的方法可以提高剩余寿命估计的准确性,在寿命的 70%、90% 的分位点给出 Bayes 更新和未更新时估计的平均剩余寿命和相对误差,如表 6-14 所示。可以看出,随着分位点的增大,相比于未更新预测,本书提出的 Bayes 更新方法预测的剩余寿命精度逐步提高,相对误差逐步减小。

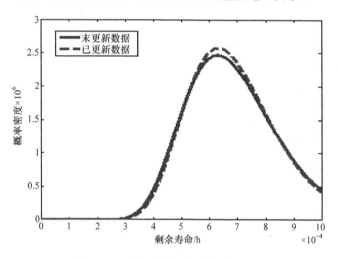

图 6-26　剩余寿命概率密度分布对比

表 6-14　LED 驱动电源不同寿命分位点的平均剩余寿命及相对误差

方法	70%/h	90%/h
Bayes 更新预测值	6.999×10^4	9.003×10^4
未更新预测值	7.64×10^4	9.170×10^4
Bayes 更新预测相对误差	0.143%	0.030%
未更新预测相对误差	9.157%	1.700%

6.5　本章小结

　　本章对轨道车辆车厢 LED 照明控制系统的可靠性开展了相关的研究工作。

① 系统介绍可靠性的概念和可靠性模型,并采用可靠性框图建模方式对轨道车辆车厢 LED 照明控制系统进行可靠性分析。

② 采用故障树分析法对轨道车辆车厢 LED 照明控制系统进行分析,找出影响其可靠性的薄弱环节。为了分析可靠性薄弱环节对系统可靠性的影响程度,提出一种带漂移参数的 Wiener 过程的剩余寿命预测方法。同时,基于 Bayes 方法对参数进行估计,推导出参数估计的详细过程和剩余寿命的概率密度函数解析表达式。设计 LED 驱动电源加速退化实验,在不同的应力梯度下测得 LED 驱动电源输出电流的退化数据。在此基础上,实现对 LED 驱动电源在不同温、湿度条件下的可靠度评估和剩余寿命预测,验证了理论方法的正确性和可行性。该寿命评估方法可以提高评估精度,降低预测的不确定性,也可以为其他同类产品的寿命预测提供参考依据和方法。

参 考 文 献

[1] 刘军良,钟碧弈. 城轨车辆客室 LED 照明的特点及灯具设计选型分析[J]. 电力机车与城轨车辆,2010,33(2):55—57.

[2] 兰永霞,徐冠基. LED 灯具在高速列车照明系统中的应用[J]. 交通科技与经济,2012,3:98-103.

[3] 朱伟建,屈海洋. 城市轨道车辆照明灯具研究[J]. 电力机车与城轨车辆,2010,5:23-25.

[4] 姜艳青. 轨道车辆车厢 LED 照明控制系统研究[D]. 长春:长春工业大学硕士学位论文,2013.

[5] 颜重光,高工. 背光及照明用 LED 驱动 IC 技术市场分析[J]. 电子产品世界,2008,10:39-44.

[6] 胡骏. 高频 DCDC 变换器数字控制芯片的设计研究[D]. 上海:上海复旦大学硕士学位论文,2005.

[7] 颜重光. 基于 BP2808 的 LED 照明灯具电源应用设计技术[J]. 电源技术应用,2012,4:11-16.

[8] 颜重光. 基于 PT4107 的 LED 日光灯设计技术[J]. 电子设计应用,2009,9:76-79.

[9] 罗晓霞. LED 照明系统的优化设计[D]. 长春:中国科学院长春光学精密机械与物理研究所硕士学位论文,2011.

[10] 周冬芹. 车用 LED 阵列高效智能驱动的关键技术研究[D]. 重庆:重庆大学硕士学位论文,2011.

[11] 眭永明. LED 供电系统的可靠性研究[D]. 广州:华南理工大学硕士学位论文,2012.

[12] 王颖. 基于 ATmega48 单片机的石油计量数据采集系统的设计[D]. 大连:大连理工大学硕士学位论文,2007.

[13] 罗永杰. 直流系统控制器及多功能数字电能表通讯接入应用[J]. 贵州电力技术,2006,11:28-29.

[14] 余旺新. RS485 远程通信电路系统设计[J]. 科技信息,2009,30:621-622.

[15] 刘占戈. 基于以太网技术的励磁智能接口系统研究[D]. 天津:河北工业大学硕士学位论文,2009.

[16] 赵文昌. 基于 RS-485 总线的深度指示器研制[J]. 煤炭工程,2009,12:108-110.

[17] 邵玉华. 基于 SJA1000 的 CAN 总线通信系统的设计[J]. 铁道通信信号,2010,46(3):56-58.

[18] 秦平安. 轨道车控制系统软件设计及实现[D]. 大连:大连理工大学硕士学位论文,2017.

[19] 董九英. 多传感器数据的概率最大融合方法[J]. 仪器仪表学报,2006,27(6):373-374.

[20] 薛生虎,李东升,叶子弘. 基于多传感器融合技术的 PCR 仪温度校准系统[J]. 仪器仪表学报,2011,32(6):1232-1236.

[21] 杨春曦,关治洪,黄剑. 时延加权融合技术的无线传感器网络控制[J]. 控制理论与应用,

2011,28(2):157-164.

[22] 向敏,石为人.基于数据关联性的无线传感器网络簇内数据管理算法[J].自动化学报,2010,36(9):1343-1349.

[23] 张学习,杨宜民,谢云.全自主机器人足球系统的全局地图构建研究[J].控制理论与应用,2011,28(7):963-972.

[24] Zhou Z J,Hu C H,Xu D L,et al. Bayesian reasoning approach based recursive algorithm for online updating belief rule based expert system of pipeline leak detection[J]. Expert Systems with Applications,2011,38(4):3937-3943.

[25] 韩峰,杨万海,袁晓光.基于模糊集合的证据理论信息融合方法[J].控制与决策,2010,3:449-452.

[26] 禹春来,许化龙,黄世奇.基于关系矩阵的多传感器数据融合方法[J].航空计算技术,2005,35(1):23-26.

[27] 张邦成,李淼,高长春,等.基于模糊PID算法的轨道车辆LED照明控制系统设计[J].控制工程,2014,21(6):882-885,890.

[28] 郝明亮,姜艳青,尹晓静,等.轨道车辆车厢LED照明控制系统[J].长春工业大学学报(自然科学版),2014,35(1):36-41.

[29] 尹晓静.轨道车辆车厢LED照明系统故障诊断与预报的研究[D].长春:长春工业大学硕士学位论文,2014.

[30] 张邦成,王奕龙,高智,等.轨道车辆车厢LED照明系统故障机理分析[J].照明工程学报,2014,25(6):53-57.

[31] Yang J B,Liu J,Wang J. Belief rule-base inference methodology using the evidential reasoning approach-RIMER[J]. IEEE Transactions on Systems, Man, and Cybernetics-Part A:Systems and Humans,2006,36(2):266-285.

[32] 周志杰,杨剑波,胡昌华.置信规则库专家系统与复杂系统建模[M].北京:科学出版社,2011.

[33] 王慧琴.小波分析与应用[M].北京:北京邮电大学出版社,2011.

[34] 张彬,杨风暴.小波分析方法与其应用[M].北京:国防工业出版社,2011.

[35] Zhou Z J,Hu C H,Wang W B,et al. Condition-based maintenance of dynamic systems using online failure prognosis and belief rule base[J]. Expert Systems with Applications,2012,39:6140-6149.

[36] 张银龙,申兆祥,卞士川,等.装备可靠性、耐久性与寿命之间的关系[J].四川兵工学报,2013,8:76-79.

[37] 李享.LED驱动电源性能退化参数监测及寿命预测方法研究[D].哈尔滨:哈尔滨工业大学硕士学位论文,2012.

[38] 郝剑.LED灯具加速老化在线测试和快速寿命评估方法的研究[D].长春:中国科学院长春光学精密机械与物理研究所博士学位论文,2017.

[39] Lee W S,Grosh D L,Tillman F A,et al. Fault tree analysis,methods,and applications and a review[J]. IEEE Transactions on Reliability,1985,34(3):194-203.

[40] 赵琼,王思华,尚方宁.基于故障树分析法的接触网可靠性分析[J].铁道标准设计,2014, 1:105-109.

[41] 胡隆基.基于故障树分析法的某型高炮随动系统故障诊断[J].四川兵工学报,2011,4: 40-43.

[42] 魏选平,卞树檀.故障树和分析法及其应用[J].计算机科学与技术,2004,3:43-45.

[43] 张邦成,陈珉珉,尹晓静,等.基于故障树的轨道车辆车厢 LED 照明控制系统可靠性因素 分析[J].电气应用,2015,34(12):56-59.

[44] 陈亮,胡昌华.基于退化建模的可靠性分析研究现状[J].控制与决策,2009,24(9): 1281-1287.

[45] 茆诗松,王玲玲.加速寿命试验[M].北京:科学出版社,1997.

[46] 王兆强,胡昌华,王文彬,等.基于 Wiener 过程的钢厂风机剩余使用寿命实时预测[J].北 京科技大学学报,2014,10:1361-1368.

[47] Singpurwalla N D. Survival in dynamic environments[J]. Statistical Science,1995,10(1): 86-103.

[48] Peng C Y,Tseng S T. Mis-specification analysis of linear degradation models[J]. IEEE Transactions on Reliability,2009,58(3):444-455.

[49] 陈珉珉.轨道车辆车厢 LED 照明控制系统可靠性研究[D].长春:长春工业大学硕士学位 论文,2016.

[50] Laurenciu N C,Cotofana S D. A nonlinear degradation path dependent end-of-life estimation framework from noisy observations [J]. Microelectronics Reliability, 2013, 53 (9-11): 1213-1217.

[51] 周月阁,朱奕,李享,等.LED 照明用驱动电源性能可靠性评估[J].电机与控制学报,2014, 9:99-104.

附 录

附表 1 桥式整流滤波电路故障诊断模型初始置信度

规则编号	$A'_{(t)}$ AND $A'_{(t-1)}$	$A'_{(t+p)}$ 分布式评价结果 $\{D_2, D_0, D_1\}$
1	S and S	$\{(D_2, 0.65), (D_0, 0.25), (D_1, 0.1)\}$
2	S and M	$\{(D_2, 0.3), (D_0, 0.6), (D_1, 0.1)\}$
3	S and L	$\{(D_2, 0.9), (D_0, 0.05), (D_1, 0.05)\}$

附表 2 桥式整流滤波电路故障诊断模型更新后的置信度

规则编号	$A'_{(t)}$ AND $A'_{(t-1)}$	$A'_{(t+p)}$ 分布式评价结果 $\{D_2, D_0, D_1\}$
1	S and S	$\{(D_2, 0.6599), (D_0, 0.2401), (D_1, 0.1)\}$
2	S and M	$\{(D_2, 0.3), (D_0, 0.6), (D_1, 0.1)\}$
3	S and L	$\{(D_2, 0.9), (D_0, 0.05), (D_1, 0.05)\}$

附表 3 亮度传感器故障预报模型 BRB_1 的初始置信度

规则编号	$V_a(t)$ AND $V_a(t-1)$	$V_a(t+p)$ 分布式评价结果 $\{D_1^1, D_2^1, D_3^1\}$
1	S and S	$\{(D_1^1, 0.65), (D_2^1, 0.25), (D_3^1, 0.1)\}$
2	S and M	$\{(D_1^1, 0.3), (D_2^1, 0.6), (D_3^1, 0.1)\}$
3	S and L	$\{(D_1^1, 0.9), (D_2^1, 0.05), (D_3^1, 0.05)\}$
4	M and S	$\{(D_1^1, 0.9), (D_2^1, 0.05), (D_3^1, 0.05)\}$
5	M and M	$\{(D_1^1, 0.2), (D_2^1, 0.6), (D_3^1, 0.2)\}$
6	M and L	$\{(D_1^1, 0), (D_2^1, 0.4), (D_3^1, 0.6)\}$
7	L and S	$\{(D_1^1, 1), (D_2^1, 0), (D_3^1, 0)\}$
8	L and M	$\{(D_1^1, 0.1), (D_2^1, 0.45), (D_3^1, 0.45)\}$
9	L and L	$\{(D_1^1, 0), (D_2^1, 0.1), (D_3^1, 0.9)\}$

附表 4 亮度传感器故障预报模型 BRB_2 的初始置信度

规则编号	$S_r(t)$ AND $S_r(t-1)$	$S_r(t+p)$ 分布式评价结果 $\{D_1^2, D_2^2, D_3^2\}$
1	S and S	$\{(D_1^2, 0.5), (D_2^2, 0.4), (D_3^2, 0.1)\}$
2	S and M	$\{(D_1^2, 0.3), (D_2^2, 0.5), (D_3^2, 0.2)\}$
3	S and L	$\{(D_1^2, 0.8), (D_2^2, 0.15), (D_3^2, 0.05)\}$
4	M and S	$\{(D_1^2, 0.45), (D_2^2, 0.45), (D_3^2, 0.1)\}$

续表

规则编号	$S_r(t)$ AND $S_r(t-1)$	$S_r(t+p)$分布式评价结果 $\{D_1^2,D_2^2,D_3^2\}$
5	M and M	$\{(D_1^2,0.2),(D_2^2,0.5),(D_3^2,0.3)\}$
6	M and L	$\{(D_1^2,0),(D_2^2,0.4),(D_3^2,0.6)\}$
7	L and S	$\{(D_1^2,1),(D_2^2,0),(D_3^2,0)\}$
8	L and M	$\{(D_1^2,0.1),(D_2^2,0.45),(D_3^2,0.45)\}$
9	L and L	$\{(D_1^2,0),(D_2^2,0.1),(D_3^2,0.9)\}$

附表5　亮度传感器故障预报模型 BRB_3 的置信度

规则编号	$V_a(t)$ AND S_r	系统状态分布式评价结 $\{D_1,D_2\}=\{N,F\}$
1	V_a^d and S_r^d	$\{(D_1,0.8),(D_2,0.2)\}$
2	V_a^d and S_r^n	$\{(D_1,0.8),(D_2,0.2)\}$
3	V_a^d and S_r^u	$\{(D_1,0.8),(D_2,0.2)\}$
4	V_a^n and S_r^d	$\{(D_1,0),(D_2,1)\}$
5	V_a^n and S_r^n	$\{(D_1,0),(D_2,1)\}$
6	V_a^n and S_r^u	$\{(D_1,0),(D_2,1)\}$
7	V_a^u and S_r^d	$\{(D_1,0),(D_2,1)\}$
8	V_a^u and S_r^n	$\{(D_1,0),(D_2,1)\}$
9	V_a^u and S_r^u	$\{(D_1,0),(D_2,1)\}$

附表6　亮度传感器故障预报模型更新后 BRB_1 中的规则权重和置信度

规则编号	更新后的规则权重	$V_a(t-1)$ AND $V_a(t-2)$	$V_a(t+p)$分布式评价结果 $\{D_1^1,D_2^1,D_3^1\}$
1	0.9976	S and S	$\{(D_1^1,0.7299),(D_2^1,0.27),(D_3^1,0.0001)\}$
2	0.9677	S and M	$\{(D_1^1,0.3),(D_2^1,0.7),(D_3^1,0)\}$
3	1	S and L	$\{(D_1^1,1),(D_2^1,0),(D_3^1,0)\}$
4	1	M and S	$\{(D_1^1,1),(D_2^1,0),(D_3^1,0)\}$
5	1	M and M	$\{(D_1^1,0),(D_2^1,1),(D_3^1,0)\}$
6	1	M and L	$\{(D_1^1,0),(D_2^1,0.2),(D_3^1,0.8)\}$
7	0.8982	L and S	$\{(D_1^1,1),(D_2^1,0),(D_3^1,0)\}$
8	0.6272	L and M	$\{(D_1^1,0),(D_2^1,0.5),(D_3^1,0.5)\}$
9	1	L and L	$\{(D_1^1,0),(D_2^1,0.0998),(D_3^1,0.0002)\}$

附表 7　亮度传感器故障预报模型更新后 BRB_2 中的规则权重和置信度

规则编号	更新后的规则权重	$S_r(t-1)$ AND $S_r(t-2)$	$S_r(t+p)$分布式评价结果 $\{D_1^1, D_2^1, D_3^1\}$
1	1	S and S	$\{(D_1^2, 0.7499), (D_2^2, 0.25), (D_3^2, 0.0001)\}$
2	1	S and M	$\{(D_1^2, 0.2999), (D_2^2, 0.7), (D_3^2, 0.0001)\}$
3	1	S and L	$\{(D_1^2, 1), (D_2^2, 0), (D_3^2, 0)\}$
4	0.9999	M and S	$\{(D_1^2, 1), (D_2^2, 0), (D_3^2, 0)\}$
5	1	M and M	$\{(D_1^2, 0.0998), (D_2^2, 0.9), (D_3^2, 0.0002)\}$
6	1	M and L	$\{(D_1^2, 0), (D_2^2, 0.2), (D_3^2, 0.8)\}$
7	1	L and S	$\{(D_1^2, 1), (D_2^2, 0), (D_3^2, 0)\}$
8	1	L and M	$\{(D_1^2, 0), (D_2^2, 0.5), (D_3^2, 0.5)\}$
9	0.9999	L and L	$\{(D_1^2, 0), (D_2^2, 0.0998), (D_3^2, 0.0002)\}$